ECOTHEA

Patrick TARDIVON

ECOTHEA

En chemin vers une vie meilleure

Édition : BoD - Books on Demand, 12/14 rond-point des Champs-Élysées, 75008 Paris, France
Impression : BoD - Books on Demand, Norderstedt, Allemagne
ISBN : 978-2-322-16073-0
Dépôt légal : 10:2018

Avant propos

Je ne suis pas écrivain de métier. L'écriture de cet essai m'amène à traiter des domaines dont je ne suis pas spécialiste : physique, astrophysique, préhistoire... Il est possible que certaines formulations fassent sourciler les vrais spécialistes. Je m'en excuse par avance et les invite à prendre contact avec moi en vue de correction.

L'existence de Dieu et les religions y sont abordées. Je suis conscient que c'est un sujet clivant, mais il reflète ma démarche personnelle et ne se veut pas un modèle de pensée. Je respecte toutes les croyances et toutes les religions, mais me conserve le droit de les mettre sur la balance de la réflexion et de ma notion du bien et du mal.

Tous les faits évoqués dans ce livre sont prouvés. Quant aux opinions, elles n'engagent que moi.
Je ne prétends à aucune vérité. Je défends la mienne et explique le cheminement intellectuel qui m'y a conduit.

Quand j'emploie le vocable "homme", il s'agit de l'espèce et non du genre. Quand j'écris "les hommes", je ne sous-entends pas leur totalité, mais une "bonne partie d'entre eux". Ne voyez aucune généralisation. Quand je parle de communauté, il s'agit de la famille, du cercle d'amis ou de la nation.

Souhaitant livrer un ouvrage accessible à tous, je prends soin, à certains moments, de donner des définitions aux termes utilisés. C'est nécessaire pour ceux qui ne les connaissent pas et pour préciser le sens donné aux mots employés. En effet, ils ont quelquefois des significations différentes selon la personne qui les lit.

La lecture de ce livre demande ouverture d'esprit et modestie. Les scientifiques sauront demain ce que nous ignorons aujourd'hui.

Si nous avions raconté à un homme du 16eme siècle : les voyages sur la lune, l'existence d'autres galaxies, les clones, la mécanique quantique … il nous aurait traités de fous.

Si nous avions prédit au même homme : cinq semaines de congés payés pour les ouvriers, des congés de paternité pour les hommes, un revenu minimum garanti pour ceux qui ne travaillent pas … il nous aurait traités d'utopistes.

J'assume l'angélisme de mes idées. Sans utopie, pas de progrès.

Malgré deux citations en avant-propos, je les évite. Je préfère employer mes propres mots pour mes propres pensées. Sauf quand celles des autres sont bien meilleures que les miennes. Je ne cite pas l'origine de mes informations. En général, j'écris "entre guillemets" ou je mets *la phrase en italique*. Toutes mes sources sont compilées en fin d'ouvrage.

Nous sommes aujourd'hui à la préhistoire d'une nouvelle utopie, à l'orée de la voie humaine. Reste à s'y engager, dans la violence de l'instant, la modestie du quotidien et la démesure de l'idéal.

Jacques ATTALI.

"La recherche de la vérité est ardue. La route qui y conduit est semée d'embûches. Pour trouver la vérité, il convient de laisser de côté ses opinions et de ne pas faire confiance aux écrits des anciens. Vous devez les mettre en doute et soumettre chacune de leurs affirmations à votre esprit critique. Ne vous fiez qu'à la logique et à l'expérimentation. Jamais aux affirmations des uns et des autres, car chaque être humain est sujet à toute sorte d'imperfections. Dans notre quête de la vérité, nous devons aussi remettre en question nos propres théories, à chaque étape de nos recherches, pour éviter de succomber aux préjugés et à la paresse intellectuelle. Agissez de la sorte et la vérité vous sera révélée."

Ibn Al Haytham mathématicien et physicien arabe du 11eme siècle. Plus connu sous le nom de Alhazen.

Chemin n° 1

Spiritualité et philosophie

La **spiritualité** est l'intérêt de l'homme pour **l'immatériel** et la recherche d'un **sens** à sa vie et au **fonctionnement** de l'Univers.

Hier incarnée par la religion, elle se porte aujourd'hui sur la philosophie et la pratique d'une éthique en vue de développement personnel et de communication avec les autres.

Tous les individus ne sont pas "touchés" par cette recherche. Ils se répartissent en deux tendances :

les Aériens et les Terriens.

Les **Aériens** se posent des questions et recherchent des réponses. Ils sont sensibles à l'inexpliqué. Ils cherchent à donner un sens à leur vie. Ils sont plutôt cérébraux et rêvent d'idéal. Capables de joies immenses, ils peuvent néanmoins être sujets à la mélancolie. Un rien les fait souffrir. Ils ruminent et ne dorment pas profondément.

Les **Terriens** sont des fonceurs et des entrepreneurs. L'action prime sur la réflexion. Ils sont généralement plus forts psychiquement que les Aériens. Les questions métaphysiques les intéressent peu. Ils gèrent mieux leurs émotions. Ils sont de bons dormeurs.

Entre ces deux tendances existent de multiples nuances. Très peu d'individus sont 100 % Aériens et réciproquement. Le fonctionnement de la vie a besoin des deux. Les Aériens sont le **Ying** et les Terriens le **Yang**. Comme le montre très bien ce symbole où les deux se complètent et existent chez l'autre.

L'enfant naît dans le Ying, se construit dans le Yang et s'épanouit dans le Ying.

Je me sens Aérien depuis ma plus tendre enfance, sans cesse à chercher le sens des choses. Peut-être trop. Aujourd'hui, je témoigne pour que mes questions trouvent des réponses et pour en faire profiter ceux qui sont dans la même situation.

Une voix intérieure

Je suis enfant unique. Je n'ai ni cousin ni cousine. Mon père et ma mère travaillent. Mes premières émotions s'enracinent dans la tristesse de la solitude et la richesse du dialogue intérieur. Très tôt, je développe une voix, compagne de mes pensées intimes. Je m'adresse à elle et elle me répond.
Ou bien, elle intervient dans ma vie quotidienne pour me conseiller, m'avertir du danger, me réconforter, me sermonner ou me distraire.
Je l'appelle mon **Esprit**.

C'est par elle que je suis guidé pendant toute la rédaction de ce livre.

L'immarcescible besoin

Immarcescible : *qui ne peut se flétrir*. Les poètes parlent souvent d'immarcescible amour.

Dès ma puberté, je pressens que ma vie ne doit pas se borner à dormir, travailler, jouer, manger et faire l'amour. Malgré le plaisir que je prends à toutes ces actions.

Mon équilibre et ma satisfaction (mon bonheur), réclament que ma vie ait un sens. Si j'ai souvent vécu dans le matérialisme, avec une apparente légèreté de l'âme, j'ai toujours cherché des réponses.

Qui créa l'homme, le monde et l'Univers ?
Ai-je une âme ?
Ma vie a-t-elle un sens ?
Quelle est ma fonction, mon utilité dans ce monde ?
Y a-t-il une force supérieure qui préside à mon destin ?
Qu'y a-t-il après la mort ?
Pourquoi et comment fonctionne l'Univers ?
Qui est aux commandes ?
Où est le chemin du bonheur ?

Ce questionnement s'apparente à la philosophie, la spiritualité ou le mysticisme. Ou les trois ensemble. Il me motive, depuis 50 ans, à chercher une **RÉPONSE**.

Philosophie : *Ensemble des questions que l'être humain peut se poser sur lui-même et examen des réponses qu'il peut y apporter.*
Mysticisme : *Croyance, doctrine philosophique faisant une part essentielle au sentiment, à l'intuition.*

L'Enquête

J'ai décidé, en début d'année 2013, de faire un long travail de lecture et de réflexion pour trouver des réponses à ces questions. Mes recherches se sont portées tout d'abord sur la philosophie, la science, puis sur l'existence d'un dieu dans les religions.

Mes recherches s'appuient sur :
- les souvenirs de mes deux années en faculté des Sciences
- la lecture de nombreux ouvrages (dont la Bible)

- la consultation de sites internet (dont Wikipedia)
- mon intuition
- le partage avec mes amis

La maîtrise du destin

Définition religieuse du destin : *Puissance supérieure qui semble régler de façon fatale* (que l'on ne peut changer) *les événements de la vie humaine.*
Définition du Larousse : *Ensemble des événements qui forment la trame de la vie humaine.*

Que l'on soit croyant ou non, le destin est inéluctable. Prier en demandant, par exemple : *"Mon Dieu, faites que mon fils reste en bonne santé"* ne sert strictement à rien. Cela procède de la superstition.
Superstition : *Fait de croire que certains actes ou certains signes entraînent des conséquences bonnes ou mauvaises.*
La plupart des religions s'appuient sur cette croyance notamment en ce qui concerne le Paradis ou l'Enfer.
Les conséquences **bénéfiques** du destin ne nous angoissent pas : gain au jeu, réussite professionnelle, rencontre de l'âme sœur... Nos angoisses proviennent plutôt des conséquences **néfastes** : accident, maladie, échec d'un projet, séparation, perte d'emploi... La plupart du temps, ce n'est pas l'événement mauvais, en lui-même, qui nous fait du tort, mais son impact sur notre vie ou celle de nos proches.
La maîtrise du destin ne peut pas s'opérer sur l'occurrence de l'événement, qui par définition est inéluctable, mais sur notre préparation à l'éviter ou sur notre force à le gérer.

L'inexpliqué

La Science et la Psychologie nous apportent beaucoup de réponses, mais ne prétendent pas tout expliquer. Sur l'échelle cosmique (13,7 milliards d'années) l'Homo Sapiens que nous sommes n'est qu'à la naissance de son intelligence. Il a beaucoup à découvrir.

Qu'y avait-il avant le big bang ?

Est-ce qu'une puissance supérieure contrôle l'ordonnancement de la nature ?

Notre âme vit-elle après la mort ?

L'existence de mystères a toujours poussé l'homme à s'inventer des dieux. La foudre tombe, la mer est mauvaise, le volcan crache du feu ... c'est de la faute d'un dieu.

Je gagne un combat, mes récoltes sont bonnes, ma femme enfante un fils... c'est grâce à un autre dieu.

Pourquoi le mystère doit-il toujours trouver réponse ?

La réponse ne passe pas nécessairement par le recours à dieu.

Le nommer responsable de tout est une paresse intellectuelle et une fermeture de l'esprit à de nouvelles découvertes. La religion est un bouche-trou mystique.

Le bonheur

Définition du Bonheur : *Le bonheur est un état de satisfaction complète caractérisé par sa stabilité et sa durabilité.*
Définition de la satisfaction : *C'est le nom donné à l'état d'âme ou du corps qui accompagne l'accomplissement d'un désir ou l'assouvissement d'un besoin.*

Je dirai, pour compléter :
le bonheur est une sensation personnelle bien souvent déconnectée de la réalité matérielle.

Les **besoins primaires** sont liés à la survie : manger, boire, dormir, vivre en sécurité physique et en quiétude morale.
Les **besoins secondaires**, souvent appelés désirs, sont liés à l'amélioration du bien-être : habiter une maison confortable, partir en vacances, pratiquer des loisirs.
Les **besoins tertiaires** sont liés à l'accomplissement de soi-même. La réussite sociale en est un moyen, la spiritualité un autre, mais ils ne s'opposent pas entre eux.

Tous contribuent à la sensation de bonheur qui s'inscrit sur une échelle malheur/bonheur et fluctue avec le temps. Les variations sont conditionnées par les événements extérieurs et par notre propre réaction vis-à-vis d'eux.

Les événements extérieurs sont liés au destin. Ils sont inéluctables. Les trois principaux facteurs de malheur sont la tristesse, l'insatisfaction et la déception.

Nous ne pouvons pas lutter contre les événements extérieurs, mais nous pouvons travailler sur leur gestion.

La tristesse

Elle provient généralement de la perte d'un objet, d'un statut ou d'un proche. La tristesse est un sentiment noble. Il permet d'exprimer la force de notre attachement à l'objet.

Pour endiguer la tristesse, il est souvent possible de l'anticiper. Si je perds l'objet, quelles en sont les conséquences ? Vais-je en mourir ? Je citerai quand même ce proverbe galvaudé : *tout ce qui ne me tue pas me rend plus fort*. Quels éléments positifs peuvent apparaître dans ma vie sans cet objet ? Si une autre personne le récupère, en sera-t-elle heureuse ?

La tristesse est utile, mais doit trouver sa fin. Se complaire dans cet état est négatif pour nous et pour notre entourage. Trouvons la force de "passer à autre chose".

Je conviens que la perte d'un proche est une des plus douloureuses expériences. Le défunt aurait-il aimé que nous lui survivions dans la peine ?

L'insatisfaction

Ceux qui attendent la plénitude de satisfaction, à 100%, courent à l'insatisfaction. La perfection est un objectif vers lequel tendre, mais ce n'est pas un but final. L'être humain évolue dans ses goûts, dans ses désirs et dans son niveau d'atteinte de la satisfaction.
Quand j'ai commencé ma carrière professionnelle, je gagnais 2.000 F. par mois (environ 350 €). Je plaçais mon objectif à 10.000 F. par mois (1.500 €). Quand je l'ai atteint, j'avais envie de plus. C'est normal.
Dès que le niveau de satisfaction atteint plus de 50 %, nous passons du côté bonheur.

Plus nous augmentons ce taux de satisfaction, et plus nous augmentons notre bonheur mais, par respect pour ceux qui souffrent vraiment, soyons heureux d'être à plus de 50.

Nous devons également être mesurés dans nos désirs et nos besoins. Commencer une carrière professionnelle en espérant gagner 5.000 €/mois, sauf qualifications exceptionnelles, constitue le meilleur moyen d'être insatisfait.
Tant que l'on n'a pas ce que l'on veut, il faut aimer ce que l'on a.
Cela ne signifie pas tout accepter, mais tout faire pour changer la situation. L'état qui consiste à *ne pas aimer* est un état négatif qui perturbe notre fonctionnement et diminue les chances d'atteindre notre objectif.
Et si nous n'y arrivons pas, c'est peut-être parce que nous ne sommes pas faits pour y parvenir.
Si ma route vers le bonheur est coupée, je change de route.

Certaines insatisfactions proviennent du milieu dans lequel nous évoluons : Voisinage, amis, collègues de bureau, les "autres" perturbateurs…
Le ministre Chevènement disait brutalement : *il faut se soumettre ou se démettre*. Il est souvent impossible de se démettre : changer d'adresse, d'employeur ou de vie.

Serait-on obligé de se soumettre ? Il n'en est pas question.
Passe son temps à râler ? Non plus. La "râlerie" fait partie des états négatifs qui polluent notre existence.
Observons ce qui nous agresse comme une différence chez l'autre. Si cette différence gêne tout le monde, nous pouvons envisager de dialoguer avec le "perturbateur" pour lui faire part de notre ressenti. Si nous sommes le seul à être gêné, il est préférable d'adopter une attitude "philosophique".
L'homme doit s'adapter à la collectivité dans laquelle il vit, car la collectivité ne s'adaptera pas à lui.

Bien des insatisfactions voient le jour au sein du couple. C'est fréquent et normal. Chaque partenaire s'engage avec des attentes et des désirs. L'insatisfaction apparaît quand la passion (pas l'amour) s'amenuise. L'affinité totale est très rare : *moitié d'orange* ou *âme sœur*. Il n'est pas certain qu'elle soit souhaitable, car la complémentarité est plus constructive que la ressemblance. Un couple s'épanouit dans le respect et l'amour des différences. Pourtant, au début, chacun essaie d'amener l'autre vers son univers intime, essaie de le changer. *"J'aimerais que tu m'aimes comme je t'aime"*. La plupart du temps, ça ne fonctionne pas et accroît les insatisfactions.

Donc, pour ne pas être insatisfait en couple, ne cherchons pas à changer l'autre et si nous ne pouvons pas nous passer du manque, trouvons-le ailleurs, dans le respect et l'équilibre du couple.

La déception

La déception est *un état de tristesse momentanée provoqué par la non-concrétisation d'un événement vivement attendu.*
La réponse à ce sentiment négatif est pratiquement contenue dans la définition. Cet état doit être momentané et non traîné avec soi comme un enfant traîne son doudou.

Plus vivement est attendu l'événement, plus fort est la déception. Il faut donc, avant chaque attente d'événement important, prévoir qu'il ne pourrait pas se réaliser. Et surtout, **ne pas rendre responsable** celui ou celle dont dépend son accomplissement.

La déception n'est que la mesure de notre incapacité de prévoir.

L'argent

L'argent ne fait pas le bonheur. Mais il y contribue. Pourtant cette sensation est accessible sans argent. Cela est plus difficile, dans la société consumériste où nous vivons, mais c'est possible.

Qu'est-ce qui peut nous rendre heureux ? : L'amour, la liberté de penser et d'agir, les amis, les enfants, une vie en pleine nature, un livre, les fleurs, les animaux, le plaisir d'aider, de partager, des voisins agréables, une bonne santé, un logis accueillant, une belle journée, la création artistique et manuelle, la randonnée, un bon plat, un bon vin (avec modération), la première gorgée de bière, le sourire d'un passant, une musique, une chanson, un parfum qui flotte dans l'air, un souvenir d'enfance, un projet qui émerge, des vacances, la visite d'un monument, un film ou une émission de télévision, une série, un vieux Louis de Funès, une fête, un appel téléphonique, un coucher de soleil, le chant des oiseaux, une jument qui pouline, le brouhaha de la rue, une peau douce, un bain de mer, une nuit reposante, un clair de lune, une bonne nouvelle, un compliment, un baiser, un match de football, faire l'amour, le calme, la solitude choisie, un feu d'artifice, un musée, apprendre d'un inconnu, voyager, jouer, écrire, communiquer sur internet, un colis, croquer une framboise fraîche…

J'ai visité l'Italie il y a quelques années. Il faisait une température douce et agréable. Au cœur d'un village, dans une rue interdite aux voitures, les seniors s'installaient dehors, sur une chaise. Ils regardaient les passants ou discutaient entre eux. Le soleil partageait le passage en deux. Un côté ombre. Un côté lumière. Certains choisissaient de poser leur chaise du côté ombre et d'autres du côté soleil. Ils avaient choisi leur exposition.

C'est une image qui ressemble à la nature humaine et à la manière de prendre les choses.
Tout événement possède un côté clair et un côté sombre.

Par exemple : Les allocations chômage vont augmenter de 20 %.
Côté clair : c'est bénéfique pour les demandeurs d'emploi.
Côté sombre : cela ne va pas favoriser le retour à l'emploi.

Chaque individu détient le choix de se positionner du côté où il se sent le mieux. Le regret de l'enfance passée peut inciter certains à se ranger du côté sombre dans l'espoir d'une quelconque compassion.

La mort d'un proche présente un côté sombre bien plus important que le côté clair. Mais ce dernier, difficile à trouver, existe néanmoins.

Une vedette de la chanson se fait applaudir et aimer par des milliers de fans. Il gagne beaucoup d'argent et compte beaucoup d'amis, des vrais et des faux. Le côté clair nous paraît évident et pourtant il se réfugie dans le côté sombre et se suicide.

Nous pouvons être heureux avec rien et malheureux avec tout.

Croire le bonheur est éternel est une erreur qui aboutit encore à la déception. Le bonheur est stable et durable si nous le construisons jour après jour. Rien n'est acquis. L'amour, dans un couple n'est jamais stable et durable. Il doit être conforté, réparé, rénové en permanence. Les couples qui se séparent au bout de quelques années parce qu'ils ne "s'entendent plus" ont souvent oublié de "s'alimenter".

Tel le capitaine d'un navire, nous sommes le premier maître de notre bonheur. Il est injuste d'en rendre les autres responsables.

Le bonheur est en rapport constant avec l'énergie vitale (dont nous parlerons plus loin).
En être riche aide considérablement à le trouver et à le conserver.

Il faut se construire sur les avoirs et non pas sur les désirs.
En d'autres termes : ce que nous possédons est plus solide que ce que nous désirons.

Le sens de la vie

Pour cette expression difficile à définir, je laisserai parler Wikipedia : *L'expression sens de la vie désigne l'interrogation sur l'origine, la nature et la finalité de la vie ou plus généralement de l'existence, et en particulier de l'existence humaine. Cette interrogation métaphysique se trouve souvent posée sous la forme d'une série de questions : « qui sommes-nous ? », « d'où venons-nous ? », « où allons-nous ? »... Au cours de l'Histoire dans les cultures humaines, de nombreux courants intellectuels, philosophiques, artistiques, religieux ou scientifiques se sont emparés de ces questions pour les traiter chacun à leur manière, donnant lieu à autant d'approches voire de réponses différentes et parfois même contradictoires.*

Un philosophe comme Jean Grondin en parle comme d'une « pensée essentielle », fondant la philosophie, et qu'il résume ainsi : « Que faisons-nous ici, pourquoi et pour qui sommes-nous là, que devons-nous, que pouvons-nous y faire, que nous est-il permis d'espérer ? ». Selon certains philosophes, cette interrogation serait même inhérente à l'être humain. Arthur Schopenhauer déclarait : « Qui ne s'interroge pas est une bête, car le souci constitutif de toute vie humaine est celui de son sens ».

Si l'interrogation est ancienne, le désir de « donner un sens à sa vie », à défaut de le chercher, en est une déclinaison plus récente.

Nous avons vu précédemment que les Terriens et les Aériens, sont indissociables dans l'équilibre de la vie. Je classerai donc l'appréciation de Schopenhauer comme violente, intellectuelle et élitiste. Pour ma part, j'adore la bête qui est en moi.

Cette recherche du sens amène à la connaissance, au partage avec les autres et c'est un moyen comme un autre d'accéder ou d'augmenter son bonheur.

L'âme

L'homme est un animal un peu plus évolué que les autres. C'est le plus intelligent du règne animal, encore faudrait-il définir ce qu'est l'intelligence. Si c'est la capacité à s'adapter pour survivre aux contraintes naturelles de son environnement, l'humain est au même stade que le singe qui survit depuis 28 millions d'années ou que la méduse (600.000 millions).

Ce qui différencie l'homme de l'animal est ailleurs. C'est sa capacité à se considérer comme un individu unique et à prendre, en raisonnant, des décisions qui favorisent son destin et non celui de la collectivité.
Ces différences ont poussé l'homme à se tenir sur deux jambes pour être plus performant, à développer sa communication par le langage et l'écriture, et à construire des édifices intellectuels et matériels pour laisser une trace de son passage sur terre par angoisse de sa mort.
L'homme conscient de lui-même se place au milieu de l'Univers et au sommet de la création. Ce qu'on appelle l'**anthropocentrisme.**

Cet aboutissement évolutif de la pensée peut être considéré comme l'âme. Chaque humain, quelles que soient ses croyances ou ses non-croyances est animé de cette "raison".
L'âme est donc indépendante de toute religion.
Survit-elle à la mort ? C'est une autre question.

Notre personne est formée d'une dualité corps/âme et l'âme est la conscience de sa personnalité.

Chemin n° 2

La Science

D'où venons-nous ?

La Terre et l'Univers

Selon l'enseignement de l'Église Catholique, à travers la Bible, le Monde a été créé en 5.400 *avant notre ère (avne)* par Dieu. Le premier jour, il créa la Terre et le Ciel. Le deuxième jour : l'eau et les océans. Le troisième jour, la verdure. Le quatrième : le Soleil et la Lune. Le cinquième : les animaux. Le sixième jour : l'homme.
Il forma l'homme de la poussière de la terre, il souffla dans ses narines un souffle de vie et l'homme devint un être vivant. Il l'appela Adam, lui enleva, pendant son sommeil, une côte pour créer la femme qu'il appela Ève.

Selon la Science officielle, les choses sont un peu plus complexes.
Au début des temps, c'est-à-dire il y a 13,7 milliards d'années, existe une particule infiniment petite, mais d'une énergie hyper concentrée. Cette particule entre en expansion (le big bang), pour former l'Univers. Il est aujourd'hui composé de **matière** (solide, liquide et gazeuse), d'antimatière (matière hyper concentrée) et de **particules**.
la Terre se forme il y a 4,5 milliards d'années.

La vie y apparaît il y a 3,8 milliards d'années et l'homme 7 millions.
Pour que la vie survienne, la nature a besoin de biomolécules (contenant des acides aminés) et d'une température favorable. Il est probable que les premiers organismes vivants naissent auprès de sources chaudes dans la profondeur des océans.

Les éléments chimiques se combinent entre eux afin de trouver une **affinité** stable et propice. Il faut pour cela un milliard d'années. Imaginez que vous lanciez une poignée de *un million de dés* en essayant de n'obtenir que des 6. C'est statistiquement possible, mais très long.

Les premiers êtres sont unicellulaires, puis éponges, méduses, poissons, lézards, petits mammifères, dinosaures (décimés il y a 65 millions d'années par une catastrophe naturelle), gros mammifères, singes et le premier Homme (Toumaï), il y a 7 millions d'années.

Bien que catholique de baptême, la réponse scientifique me semble plus "intelligente".

Le Monde est-il réel ?

C'est une des questions posées par le film MATRIX. La vie est-elle une illusion ? Sommes-nous en train de rêver notre vie ?

La religion nous apprend que nous sommes bien réels, mais que les dieux ne le sont pas. Ce sont des "esprits". Cette position est très ambiguë face au message de la Bible : *Dieu a fait l'homme à son image*.

La Science va plus loin dans ses explications. L'Univers est composé de matière et d'énergie.

Depuis Socrate, nous savons que la matière, y compris l'homme, est composée d'atomes. Les microscopes électroniques montrent un atome constitué d'un noyau et d'une ceinture d'électrons tournant autour. Comme le soleil et les planètes.

Il est composé de 99,99 % de vide.

Ce qui revient à dire que la matière est composée essentiellement de vide.

Comment se fait-il alors, que nous percevions la matière avec un volume (une forme), une rigidité, un poids, une couleur, une température ?

La forme est donnée par :
- une "**intelligence physique**" de la matière, quand elle est naturelle
- et par le travail de l'homme et l'énergie dépensée quand elle est transformée.

Ou par l'intelligence de l'ADN s'il s'agit d'un être vivant. Nous reviendrons plus loin sur la notion d'intelligence physique.

La rigidité est apportée par les énergies propres au noyau et aux électrons. L'énergie apporte la cohésion des éléments. Sans elle, la matière ne serait que poussière, d'un volume 99,99 fois plus petit que la matière visible.
Un apport d'énergie nouvelle fait passer le solide au liquide et le liquide à l'état gazeux.
Placez un glaçon dans une casserole et allumez le feu. L'énergie dépensée transforme le glaçon en eau puis en vapeur.

Le poids n'est tangible que par la force de la gravité. La gravité est un champ d'énergie qui attire les corps les uns vers les autres. Il serait composé de particules appelées gravitons.
La gravité maintient l'équilibre des planètes autour de leur étoile. Elle est responsable de la chute d'une pomme sur la tête de Newton. Albert Einstein a découvert son équation : $E=Mc^2$. **E** est la quantité d'énergie produite. **M** est la masse de l'objet (proportionnelle au nombre d'atomes la composant). **C** est la vitesse de la lumière (300.000 km/seconde).
On se rend vite compte que l'énergie de la gravité est une des plus importantes de l'Univers.

La couleur est une illusion d'optique. Notre rétine interprète les caractéristiques du rayonnement qu'elle reçoit. Ce rayonnement est celui de l'énergie lumineuse envoyée par le soleil ou par l'objet qui reflète sa lumière (ou d'une source artificielle). Sans lumière, pas de couleur. La lumière est transportée par des particules appelées photons.
Vu la taille du Soleil, nous imaginons l'importance de cette énergie dans la vie.

La température est provoquée par l'excitation de la couche d'électrons autour du noyau. Cette vibration est provoquée par un apport d'énergie : mouvement, lumière, échange avec d'autres éléments.

Cette explication du Monde et de la vie à travers les enseignements de la Science peut paraître un peu ardue, mais comparée aux théories religieuses, c'est la plus crédible. À mon avis.

Elle montre trois choses importantes :
- la nature est faite de vide (99,99 %), de matière et d'énergies pour que l'ensemble présente "une forme" accessible aux sens des vivants.
- le monde visible, n'est pas toujours l'expression de la réalité.
- l'énergie du monde invisible est l'architecture de la matière.

L'énergie

Le mot provient du grec *energeia* qui signifie *force en action*.

De nos jours, le terme "énergie" englobe une multitude de fonctions : l'énergie d'un aliment sucré, celle qui fait tourner des turbines, l'électricité qui court dans les fils de cuivre, la vitalité du corps, l'énergie verte du soleil, l'assemblage chimique d'une pile …

Je donnerai personnellement à ce mot la définition suivante : ***force susceptible de provoquer une modification sur son environnement.***

L'énergie , invisible à l'œil nu, se propage sur un vecteur de particules (photons, gravitons, électrons) ou de champs ondulatoire. Ou les deux, en physique quantique.

Rappel : à l'origine, il y avait une particule contenant toute l'énergie de l'Univers et cette particule présentait probablement un champ vibratoire.

Aujourd'hui, l'Univers est constitué de plusieurs énergies et de champs vibratoires complexes : photons, neutrinos, protons, positrons, neutrons, gravitons, radioactivité, rayons X, rayons gamma, magnétisme naturel, ondes électromagnétiques provoquées par l'activité humaine...

L'énergie est étudiée et domestiquée principalement par 2 disciplines : la Physique et la Chimie. Elles nous apprennent que *rien ne se perd, rien ne se crée*. Tout se transforme.

Elle peut être absorbée par un corps ou le traverser. Dans les deux cas, elle engendre une transformation du corps impacté et/ou un changement de nature.

Exemple : la radioactivité impacte le corps humain et le transforme. L'énergie du Soleil impacte l'atmosphère terrestre et se transforme en rayonnement infrarouge.

C'est la raison pour laquelle la Terre est une planète chaude.

Les rayonnements se déplacent sous une forme d'onde sinusoïdale caractérisée par une amplitude (hauteur de courbe), par une fréquence (nombre de pulsation par unité de temps), par la longueur d'onde (espace entre 2 sommets) ainsi que par ses variations qui peuvent changer à l'infini.

C'est le support idéal pour transmettre des **informations**. Imaginons 10 secondes de retransmission télévisée d'un concert. Le cerveau humain est capable d'identifier les couleurs, la qualité de l'image, les mouvements du chef d'orchestre, la voix du chanteur, les paroles, l'instrument dominant, les autres instruments, la valeur des notes, leur intensité, l'interprétation talentueuse du musicien. Toutes ces informations sont véhiculées par une seule onde qui module sa fréquence.

L'énergie est donc porteuse **d'informations**.

Le corps humain, le corps animal, les végétaux, les minéraux reçoivent, chaque seconde, des millions de particules et d'ondes, donc d'informations.

Celles créées par l'activité humaine sont décodées par des machines : téléviseur dans l'exemple cité ou smartphone dans le cas des ondes radiotéléphoniques.

Les ondes naturelles en transportent aussi, mais, pour la plupart, ne sont pas décodées par les humains. À l'exception des guérisseurs ou des sourciers qui savent détecter les champs vibratoires de l'eau et donner des informations précises sur la localisation, la profondeur et le débit.

Les civilisations asiatiques, non touchées par le Christianisme, ont su mettre en évidence les forces et les circulations d'énergie dans le corps humain. Elles les utilisent à des fins thérapeutiques : la médecine ayurvédique pour l'Inde et l'acupuncture pour la Chine. La plupart des maternités françaises y ont recours comme anesthésie lors des accouchements.

Les animaux sont plus doués que les hommes dans ce domaine. Un chat fait des centaines de kilomètres pour retrouver ses maîtres. Il peut ressentir la mort prochaine d'une personne. Les oiseaux parcourent des milliers de kilomètres pour rallier des terres plus hospitalières. Ils volent en batterie et effectuent les mêmes gestes au même moment.

Les végétaux également. Les arbres communiquent par "télépathie". Les fleurs captent les vibrations sonores et les états d'esprit des humains.
Beaucoup de végétaux collaborent pour survivre et se développer.

La nature contient le chiffre

La nature a été construite et elle évolue selon des instructions. Certains disent que seul Dieu est à l'origine d'un monde aussi "parfait" (Le monde et non les hommes).

Les non-croyants parlent de *Grand Architecte, de Grand Horloger* ou de *Grand Ordinateur.*

Peu importe (pour l'instant) le personnage ou l'Esprit qui a créé cet ordre. Ces informations sont, pour la plupart d'ordre mathématique. Elles peuvent illustrer ce que j'appelais plus haut "l'intelligence de la matière".

Le *chiffre* est omniprésent dans la nature. Voici les plus courants :

Le chiffre 2 : l'architecture biologique animale est basée sur la symétrie bilatérale donc le chiffre 2 : deux yeux, deux oreilles, deux narines, deux poumons, deux reins, deux glandes sexuelles... La reproduction animale nécessite deux individus.

L'esprit de l'homme se construit sur une base binaire : le bien et le mal, le jour et la nuit, la joie et la tristesse, l'amour et la haine, le Ying et le Yang, le chaud et le froid ...

Le chiffre 5 se retrouve dans le monde matériel et végétal. De nombreuses molécules présentent la forme d'un pentagone. les cristaux de roche présentent souvent 5 faces. La majorité des fleurs déploit cinq pétales.

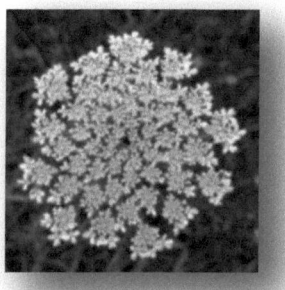

Observons une fleur de carotte sauvage :
La petite fleur blanche compte 5 pétales. Ces fleurs se regroupent en petits capitules de fleurs en multiple de 5. Ces petits capitules se regroupent en un capitule général formé d'un multiple de cinq. Le tout ayant la forme d'un pentagone.

Le nombre π (3,14159...) se retrouve dans toutes les structures naturelles en forme de cercle, d'ellipse ou de boule. (le soleil, les planètes, une goutte d'eau, le pistil d'une fleur...)

Quand la nature ne représente pas un chiffre ou un nombre, elle représente une **équation** : le nombre d'Or (1,61...), la spirale (r=t/π), un champ vibratoire (sin(3x + π/4)), un œuf de poule (2/3 x π x r^2 x h) etc..

La suite de Fibonacci s'écrit en ajoutant le dernier chiffre au chiffre précédent : 1, 2, 3, 5, 8, 13...

La coquille d'un mollusque, l'implantation des grains sur un épi de maïs, le nombre de pétales d'une fleur ... se développent selon ce "rythme".

Nous pouvons penser que c'est une coïncidence. Mais une coïncidence qui se répète sur chaque élément devient une loi.

La nature est mathématiquement ordonnancée. Chaque élément répond à un **code** bien précis qui lui dicte sa formation et son évolution.

Échanges et transformations

Rien ne se perd. Rien ne se créé. Tout se transforme.

Prenons l'exemple du corps humain. Au décès de l'homme, l'énergie (ou l'âme) quitte la matière. Le cadavre, d'environ 70 kilos, se dessèche et se décompose jusqu'à peser environ 3 kilos en une centaine d'années. 67 kilos de matière ont été récupérés par le sol et par l'air pour être recyclés dans la nature.

Le bébé en gestation se nourrit du placenta de sa mère qui, elle-même, se nourrit de la nature enracinée dans le sol et de l'air qu'elle respire.

La boucle est bouclée, dessinant une espèce de réincarnation.

Les piliers de l'Évolution

L'évolution court irrémédiablement dans le sens de la **croissance**. L'Univers se dilate depuis le big bang. Les espèces végétales s'éparpillent avec le vent pour créer de nouvelles pousses. Les espèces animales sont programmées pour en faire autant. Cependant l'Homo Sapiens opère une régulation qui ressemble plutôt à une dérégulation : déforestations et massacres des espèces en voie de disparition. Il se multiplie à une vitesse exponentielle.

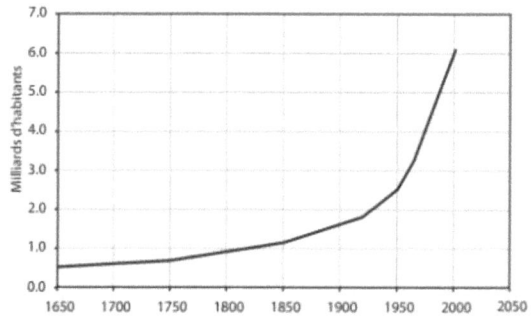

La nature porte dans ses "gênes" le besoin de croissance.

Elle présente également 3 autres caractéristiques :

L'alliance

La base de la création de la vie est une alliance de plusieurs composés chimiques : Carbone, Hydrogène, Oxygène, Azote et acides aminés. Sans cette alliance, aucune vie n'existerait.
L'espèce humaine procréé grâce à une alliance entre deux individus mâle et femelle. Les grandes entreprises se développent grâce à l'alliance entre les hommes ou entre d'autres entreprises. Le chêne dans la forêt fait alliance, par les racines, avec ses congénères. L'union fait la force et l'alliance est à la base de la croissance.

L'échange et le partage

Ils constituent l'autre base de la pérennité de la vie. Le plus connu des échanges de l'homme avec son milieu est la respiration. Elle est vitale. Homo Sapiens développe le langage afin de partager son expérience pour mieux survivre. Un homme privé d'échanges avec les autres pourrait vite en perdre la raison.
La plante reçoit l'énergie du soleil (le jour) et la restitue sous forme d'oxygène.

L'affinité

Le Larousse donne deux définitions :
1- Tendance pour des éléments à se combiner
2- Harmonie de goûts, de caractère et de sentiments entre les personnes
On se rapproche, dans la dernière définition, de **l'amour**.

Si les éléments de la Terre n'avaient pas été en affinité, ils ne se seraient pas combinés et la vie ne serait pas apparue.
Si l'espèce humaine n'avait pas éprouvé le sentiment d'amour, l'homme serait peut-être resté au stade animal ou aurait disparu.

L'amour et l'affinité sont le ciment de toute Alliance.

L'Écologie

Dans la conscience commune, la nature regroupe tout ce qui nous est extérieur et non transformé : les espèces végétales et animales, la mer, les arbres, les animaux sauvages, les fleurs, etc.

Dans ce livre, j'englobe dans le mot nature toute la création du big bang : le Ciel, la Terre, les minéraux, les végétaux, les animaux et bien sûr les humains. L'Homo Sapiens y tient une place privilégiée. Cependant, le code génétique ADN des Bonobos est à 90 % identique au sien. Celui des plantes à 70 %.

Bien que le philosophe Aristote proféra des idées écologiques, elles apparaissent en France dans les années 1970, en même temps que le féminisme, le tiers-mondisme, le pacifisme et la liberté des mœurs. Elles sont tout de suite affublées de l'étiquette *baba cool* et suspectées d'être un attitude de jeunes en refus des valeurs traditionnelles.

Face aux transformations de la planète et à la détérioration de l'écosystème, l'écologie tenta de faire sa place dans la politique sans grand succès. Étant une valeur ni de droite ni de gauche, tout accord avec l'un ou l'autre des protagonistes la rend suspecte.

À mon avis, le défaut de l'écologisme politique est de s'appuyer sur des restrictions et des contraintes : taxes supplémentaires, interdiction de certaines pratiques, restrictions d'eau, de circulation, décroissance, stigmatisation des non écologistes, changements des habitudes, enchérissement des coûts, efforts supplémentaires... Sans compter que le commun des mortels a toujours l'impression d'être le seul à faire des efforts.

Les extrémistes de l'écologie, "zadistes" et "anti-spécistes vegans" et quelquefois Green Peace desservent le grand idéal de l'écologie.

Peu de gens ont envie de vivre à la campagne avec des chèvres. Personne n'aime se priver. Tant que l'écologie avancera à grands coups de ciseaux, elle ne séduira pas. La peur du lendemain ou la culpabilisation de l'héritage pour nos enfants n'aboutira à rien.

Je rêve d'une écologie de croissance sexy (je veux diredésirable).

Bilan de Sapiens sur la planète

Positif

Homo Sapiens est la première espèce à développer un savoir-faire dans l'invention, la construction et l'utilisation de "systèmes" à économiser le temps, à développer la culture et la connaissance, voyager loin, augmenter son confort et se divertir.

Il crée des schémas de gestion des populations censés assurer sa sécurité.

Il développe des techniques et des produits pour prolonger la durée de vie, réparer les corps abîmés et soulager les souffrances.

C'est un très bon bilan, mais hautement perfectible.

Perfectible

Il ne sait pas faire profiter le reste du monde de son bilan positif et, malgré ses tentatives, renforce la fracture entre l'hémisphère nord et l'hémisphère sud, entre les riches et les pauvres, entre les forts et les faibles.

Il ne réussit pas à instaurer la paix dans le Monde. Sur 162 états composant le *Global Peace Index*, seulement 11 ne sont pas en conflit armé : la Suisse, le Japon, le Qatar, l'île Maurice, l'Uruguay, le Chili, le Botswana, le Costa Rica, le Vietnam, le Panama et le Brésil. La France, quant à elle, est engagée en Irak, en Somalie, en Centrafrique et au Liban.

La France est le troisième plus gros exportateur d'armes du Monde.

Homo Sapiens est la seule espèce dont les chefs s'engagent dans des guerres par simple stratégie politique. La seule espèce qui tue ses congénères par convoitise, par jalousie, cruauté, bêtise, par folie ou par plaisir. La seule espèce qui assassine ses femelles. La seule espèce qui torture avant de tuer.

En cas de conflit, il utilise la violence, le Bonobo fait l'amour.

Par la dictature du monothéisme, il est responsable de 2000 ans de guerres fratricides. Aujourd'hui encore : en Irlande du Nord, en Chine entre bouddhistes, taôistes et confucianistes, au Liban, dans les Balkans, en Israël, en Syrie, en République Centrafricaine, en Birmanie, au Pakistan, en Égypte, en Iran, au Bangladesh, au Sri Lanka…

Il n'a pas su adapter ses modes de consommation alimentaire à l'expansion démographique et à ses besoins. Il recourt à l'élevage et l'abattage industriel, véritable irrespect et cruauté pour le monde végétal, animal, la nature et l'Esprit.

Il recourt à la déforestation massive : 13 milliards d'hectares de forêts disparaissent chaque année. Soit l'équivalent de 40 terrains de football par minutes !

Il ne respecte ni son environnement ni ses congénères en déversant des déchets et ses produits polluants n'importe où. Les rivages de la planète bleue reçoivent 20.000 marées noires par an. Les industries déversent dans l'air 168 kilos de protoxyde d'azote par seconde, contribuant au réchauffement climatique. 180 millions de tonnes de déchets toxiques. 4,5 kilos de mercure par minute. 320 millions de tonnes de plastiques. Non recyclables. 200.000 tonnes d'hydrocarbures. Etc.…

Il produit plus de déchets que la Terre ne peut en absorber. Homo Sapiens se sert de la nature comme poubelle.

Il rend nocif l'air que l'on respire. Les particules fines, produites principalement par les moteurs sont responsables, en France, de 48.000 décès par an, selon la Commission Européenne de Santé. La pollution de l'air engendre aussi un coût : 101,3 milliards d'€ par an.

Il n'a pas su adopter une politique raisonnable d'agriculture. 95 % des fruits et légumes consommés contiennent des insecticides, des pesticides, et des fongicides connus par les pouvoirs publics pour être nocifs. 63 % des nappes phréatiques en contiennent. Ce ne sont pas les "écolos" qui le disent, c'est le Gouvernement français qui le reconnaît.

Homo Sapiens pille les réserves naturelles de sa planète. Les sols s'appauvrissent. Les ressources de pêches diminuent. Les énergies fossiles s'épuisent. Les espèces animales disparaissent. Le 1er août de cette année, les humains avaient déjà consommé toute la production annuelle de la Terre. Il vit au-dessus de ses moyens.

Il laisse les grandes entreprises, les banques et les lobbies dicter leurs lois dans le seul objectif de faire des profits.

L'homme d'aujourd'hui est imparfait collectivement, mais aussi individuellement.

Il perd, pour la plupart, ses qualités de responsabilité, d'hospitalité, de générosité, de partage, d'humanité, de solidarité, de bienveillance et de confiance.
Il est devenu individualiste, manipulateur, irresponsable, dépressif, jaloux, exigeant pour les autres, irrespectueux, lâche, cruel, violent…

Évolution possible de l'homme

Homo Sapiens est aujourd'hui la création la plus évoluée de la nature, mais il n'est qu'une étape. Viendra ensuite l'**Homo Auctus**, l'homme augmenté. *Projetons-nous dans l'avenir.*

Son espèce est née, par mutations, d'une résistance à la pollution et au stress.
Les espèces animales se sont multipliées sur Terre l'obligeant à occuper d'autres territoires plus proches de la nature. Il n'utilise plus les énergies fossiles. Il est parvenu à utiliser l'énergie naturelle dans tous les domaines. L'électricité filaire est remplacée par l'électricité bleue, accessible sous forme ondulatoire. Sans branchement.

Il ne se nourrit plus des espèces animales et végétales qu'il laisse libres. Il maîtrise une énergo-photosynthèse.
Tous ses poils ont disparu à l'exception des cils. Sa boîte crânienne atteint 2.100 cm3. Il pèse 35 kilos et mesure 1,50 m. Il vit beaucoup plus longtemps que Sapiens et crée une unité de temps nouvelle : le *cycle cosmique*.

Auctus efface la disparité des apparences physiques. Il n'y a plus de petits ou de grands, de beaux et de laids. Les jeunes ressemblent physiquement aux anciens.
Un Sapiens dirait qu'ils se ressemblent tous. Il n'en est rien, car Auctus sait lire le Code et reconnaît son congénère à son aura. La diversité des défauts de Sapiens est remplacée par une plus grande variété de qualités d'Auctus.

Il possède une sagesse qui apaise tous les conflits. Tous les mauvais instincts, héritage génétique d'Homo Sapiens, ont disparu : haine, colère, jalousie, égocentrisme, duplicité, mensonge, rivalité, cruauté...
Il ne connaît pas la peur, la tristesse ou la haine. Il connaît la **réponse**.

Il atteint un bonheur stable. Il est en prise directe avec l'énergie vitale et utilise son esprit pour aider les autres et mettre son environnement en harmonie. Tel un essaim d'abeilles, il vit pour le bien collectif.

Les maladies ont disparu. Non pas par victoire sur les microbes, mais par alliance avec eux.

Il maîtrise toutes les énergies se propageant dans son environnement, notamment la gravité qu'il réussit à dominer. Il sait communiquer par la pensée avec les autres humains, les animaux et les plantes.

Il vit à l'écart des grandes villes dans des habitats très concentrés. Ses villes ressemblent à des tours gigantesques ou des puits en lumière. La plupart des infrastructures utiles prennent place en sous-sols pour laisser libre accès à la végétation et aux animaux en surface. Il abolit les transports individuels au profit des transports en commun. Il fait alliance avec la nature si bien qu'il ne craint plus les animaux nuisibles ou les plantes toxiques. Il endigue totalement la pollution sur ses territoires.

Son corps fait alliance avec la technologie informatique et robotique. Il porte des verres de contacts, greffés sous la cornée, lui permettant d'avoir accès à toutes les informations existantes, en 3D augmentée, qu'il manie par la pensée. Ses vêtements le protègent des variations climatiques et des agressions externes. Un exosquelette à peine visible, lui permet de moins se fatiguer, de porter de lourdes charges, de courir plus vite et de fabriquer en quelques minutes, les outils dont il a besoin. Grâce aux nouveaux matériaux, la durée de vie des objets est prolongée pour correspondre à la longévité de son propriétaire et de sa famille. Auctus n'est pas un consommateur effréné. Il achète pour ses besoins. Il trouve l'essentiel de son bonheur et de ses plaisirs dans la nature, la convivialité et l'amour.

Il vit le temps présent et ne se soucie pas du passé et de l'avenir. Il maîtrise plusieurs disciplines artistiques et conçoit des œuvres et des objets qu'il offre à ses proches.

Auctus parle deux langues : le Globish, un dérivé de l'anglais, plus un dérivé de la langue de ses ancêtres. L'argent disparaît. Il est remplacé par des apports en énergie. Le travail manuel n'existe plus. 80 % des emplois sont assurés par des robots. Un revenu minimum garanti est institué. Seulement 20 % des personnes travaillent, par choix personnel. Elles sont rémunérées quatre fois plus que les inactifs. Auctus se fait assister, dans tous les domaines par des androïdes.

Il ne se marie plus, mais, quand il souhaite des enfants, il conclut une AMPA : Alliance Morale de Partage et d'Amour. Le sexe opposé ne lui appartient pas. Chacun peut faire l'amour avec toute personne consentante vers laquelle il est attiré. L'instinct de possession n'existe plus. Partager l'amour est un des meilleurs moyens de ressourcement énergétique.

La vraie sagesse est atteinte et la science connaît son apogée. Les grandes fonctions étatiques et coûteuses ont disparu : armée, police, hôpitaux, écoles...
Les grandes firmes commerciales se sont alliées aux banques et se sont substituées aux gouvernements des pays. Les Présidents n'ont plus qu'un rôle honorifique. La Nation n'a plus de sens, les frontières non plus.

À l'image de la transition entre Neandertal et Cro-Magnon, Homo Sapiens continue à vivre plusieurs mégacycles en cohabitation avec Auctus.
Au début, Sapiens essaie de l'exterminer, par jalousie, par peur du progrès, par refus de ce qu'il appelle l'*uniformisation*, le bonheur absolu, la réduction des différences. Il conteste sa dépendance à la technique et la prolifération des robots.

Devant la peur de perdre son identité, il se réfugie dans des religions fondamentalistes et extrémistes concurrentes les unes aux autres. Les guerres intestines font des millions de morts. Autant que la pollution. Malgré ses intentions belliqueuses à son égard, Auctus le protège néanmoins jusqu'au dernier moment.

Sapiens s'éteint progressivement, rongé par la pollution et décimé par les conflits. Malgré les avertissements des scientifiques, qui commencèrent dès le 20eme siècle, il a scié la branche sur laquelle il est installé.

Les derniers survivants rebaptisent le nom de leur espèce en Homo Insanus. L'homme fou.

Ce scénario fortement probable peut nous paraître effrayant.
Mais sur le long terme, l'humanité peut changer son destin.
Homo Sapiens peut évoluer vers : **Homo Neo**.

Chemin n° **3**

Dieu
et les religions

Enquêter sur Dieu m'amène à parler des religions (présentoirs marketing des dieux), des sectes (ancêtres des religions) et surtout de la Bible (seule prétendue preuve de l'existence de Dieu et de Jésus-Christ).

Le moule culturel et social

À seize ans, pour trouver une réponse à mes questions, je dispose de peu d'informations. Je ne comprends rien à la philosophie enseignée au lycée. J'ai peu d'expérience de la vie. Mon milieu familial n'est pas "libre-penseur".
Dieu est ma seule réponse, l'Église catholique, Jésus, Le Saint-Esprit, les anges, le démon, le paradis, l'enfer, Adam et Ève, les miracles ...

Comme nous vivons dans une société où différents dieux cohabitent (Dieu, Jéhovah, Allah...), j'appellerai "Dieu le Père" celui que l'on m'a enseigné.

Les bons pères marianistes (congrégation religieuse spécialisée dans l'enseignement) de ma pension font un excellent travail de **formatage**.
Prières le matin et le soir, bénédicité avant chaque repas, cérémonie du vendredi soir (le Salut), directeur de conscience ecclésiastique, confessions hebdomadaires, enfant de chœur à 6 heures du matin une fois par semaine, catéchisme, obligation d'assister à la messe dominicale avec poinçonnage d'une carte de présence.
J'ai vraiment peu de choix à portée de la conscience pour répondre à mes interrogations.
J'accepte Dieu le Père et j'y crois.

Aujourd'hui, avant de me lancer sur un autre choix de pensée, j'ai besoin de briser le moule dans lequel j'ai grandi et faire place neuve pour de nouveaux chemins.

Les chemins de la colère

Ma première réaction de penseur libéré est une émotion négative. Cependant, elle me permet de tout mettre à plat et de mieux me connaître.

Mon inclination vers la spiritualité se confirme avec la maturité, et j'entreprends, en 2013, d'écrire un livre pour dénoncer l'existence de Dieu. Voici sa première page.

Je suis né à Paris le 2 juillet 1951 à 9 heures du matin. Mon père et ma mère sont chrétiens non pratiquants. Je suis baptisé à l'Église St Léon du quinzième arrondissement. J'ai fait mes études dans des écoles religieuses : Albert de Mun pour le collège et Stanislas pour le lycée. À seize ans, j'ai envie de devenir prêtre. Je fais une retraite dans un monastère à Saint Rémy de Chevreuse avec mon ami de l'époque, Jacques LEGAY. Lui voit la lumière. Moi, non. J'avais connu entre temps une autre source de bonheur : la femme. Je renonce à mes projets. À dix-sept ans, je soulage ma mère, victime d'une crise de coliques néphrétiques, en posant mes mains sur son dos. Je pratique la guérison pendant cinq ans, en m'aidant d'une icône du Christ et d'une prière inventée. "Mon Dieu, vous êtes tout et moi je ne suis rien, donnez-moi la force de guérir cette personne. Vous le pouvez et je le pourrai si vous me transférez votre force. Je vous donne pour cela un jour de ma vie." À dix-huit ans, je suis adepte d'Alan KARDEC et me livre au spiritisme. En 1988, je découvre l'Égypte. Je grimpe dans l'étroit tunnel de la grande pyramide et médite dans la chambre royale. J'en ressors transformé.

En 1991, je fais un deuxième voyage initiatique sur l'Île de Bali. Jiwa, guide et prêtre hindouiste, m'apprend que je fus brahmane dans une vie antérieure. Il me présente à un Pedanda (grand prêtre balinais) qui pose ses mains sur les miennes et me dit : "Tu connaîtras la vérité. Je viens de te la transmettre. Elle est en toi." En 2013, j'affirme : Dieu n'existe pas !

Quelques jours plus tard, je suis frappé d'une bronchite sévère qui me torture pendant quatre mois. Je suis à deux doigts d'y laisser la vie. J'imagine alors une colère divine face à ce blasphème littéraire. Il me porte malheur et me stoppe dans cette entreprise démoniaque. Comme quoi, je n'étais pas vraiment persuadé de mes affirmations.

En juin 2018, je rencontre une femme médium qui officie à "équilibrer mes énergies". Quelques jours plus tard, ma voix intérieure me parle et me guide. Je reprends la plume.

Les religions

L'héritage sectaire

Les religions sont des sectes qui ont réussi.
Elles ont évolué en respectabilité, mais conservent des
aractéristiques identiques.
Comparons celles d'une secte et d'une religion.

Caractéristiques des sectes	Caractéristiques des religions
Vénération d'un gourou	Vénération de Jésus-Christ et de sa Sainteté le pape
Exploitation de la crédulité	*Voir La Bible*
Manipulation de l'individu	Menace de l'Enfer
Chantage	Promesse de vie éternelle
Cérémonies fastueuses	Messes
Costumes	Chasubles des prêtres et des cardinaux
Feux et fumées enivrantes	Bougies, encens
Psalmodies	Prières
Musique et chants	Orgue et cantiques
Gestes symboliques	Génuflexion, signe de croix
Absorption de nourriture	Communion du corps de Christ
Sacrifices d'animaux	Agneau Pascal
Glorification des vierges	Sanctification de la Vierge Marie
Purification par l'eau	Eau bénite, baptême

Pratiquement rien n'a changé.

Soyons modestes

Nous ne sommes pas le centre du Monde. La religion chrétienne, ensemble des religions du Christ (catholiques, orthodoxes, protestants, anglicans, évangélistes, etc.), représente seulement 32 % des croyances mondiales. Donc, en affirmant que Dieu le Père est unique, elle considère, par défaut, que les deux tiers du Monde sont dans l'erreur.
La religion catholique représente, quant à elle, environ 17 %.

L'homme de Neandertal, il y a 300.000 ans, enterrait ses morts et déposait dans leurs tombes des "fétiches". Il possède donc une conscience du divin. C'est sans doute le premier croyant. Le chamanisme apparaît, dès - 40.000 ans en Sibérie et s'appuie sur une multitude de divinités représentant la nature : le ciel, le tonnerre, la chasse...

L'humanité vit 300.000 ans sous un **polythéisme heureux**.
Le polythéisme est structuré et organisé par les civilisations babyloniennes, indiennes, grecques et romaines. Cette ouverture d'esprit présente l'avantage d'éviter la concurrence entre civilisations.
Les Romains n'hésitent pas à "importer" des dieux grecs.
En Inde, au vingt et unième siècle, la population crée encore des dieux chaque jour.
Le polythéisme permet à chacun de prier le dieu qui lui convient. Il favorise les échanges entre les peuples. C'est un gage de respect, de paix et de tolérance envers l'étranger.
Le polythéisme puise ses racines dans la nature.

A contrario, le **monothéisme** éloigne l'homme de la nature, utilise la force pour s'imposer, divise les peuples et génère des guerres fratricides.

Les religions ne grandissent pas seulement sur le terreau de la naïveté, mais aussi de l'ignorance, de la peur de la mort, de la tristesse, de l'impuissance face au destin, du manque de confiance en soi, de la solitude et de la fascination pour le merveilleux.

Les religions s'appuient sur les **faiblesses** humaines et non pas sur les forces.
Elles sont devenues des multinationales du prêt à penser spirituel.

L'Église Catholique est, de plus, corrompue par l'argent et peine à endiguer les dérives sexuelles de ses serviteurs.

La Bible – l'Ancien Testament (AT) et Dieu le Père

L'Ancien Testament est composé de 39 livres différents et hétéroclites. La grande majorité des écrits sont une adaptation d'épopées sumériennes. Elles racontent le couple originel et leur "faute", le déluge et bien d'autres événements (notamment dans la Genèse). Quant à l'érotique Cantique des Cantiques, il s'inspire d'un Hymne de l'Égypte ancienne.

Le reste est commandité à des scribes au 6ème siècle avne, par un Roi de Juda qui souhaite asseoir son autorité sur une doctrine d'essence divine.

Il annonce, entre autres, l'arrivée d'un Messie, sauveur de l'humanité.

L'AT est écrit pour une population composée essentiellement d'ignorants. Ce recueil est un **mythe**. Lisons le professeur de philosophie David Simonetta à propos du mythe : *un mythe est un récit traditionnel que l'on raconte à l'intérieur d'une société donnée, dans les lectures publiques, au théâtre ou dans les familles (les nourrices et les grands-mères racontaient ces histoires aux enfants). Les mythes se définissent avant tout par leur sujet : ils parlent des dieux, de la genèse du monde et des exploits de héros légendaires qui se situent dans un temps qui n'est pas le nôtre. Le mythe est donc un récit qui se situe dans le passé … mais qui ne se situe pas dans l'Histoire, c'est-à-dire dans l'Histoire humaine telle qu'elle peut être retracée par les historiens, à l'aide de documents et de témoignages fiables.*

Le premier livre de l'AT, la Genèse, est un véritable conte de fées : un Univers créé en 6 jours, Ève sortie de la côte d'Adam, un serpent qui parle, l'arche de Noé…

Je l'ai fait lire à un enfant de 10 ans, il m'a presque ri au nez. *"C'est une histoire pour les petits"*, m'a-t-il répondu. Les fervents croyants diront : *"C'est une image"*. J'affirme que tout le livre est une image.

Dans le Monde, l'AT légitimé par son statut de *livre sacré,* est lu par des millions de personnes en quête de conseils et de réconfort. C'est hélas un ouvrage amoral et asocial : tuer son frère, coucher avec sa fille, prêter sa femme contre de l'argent, coucher avec sa servante, se méfier de ses esclaves …

Ce livre est le terreau du sexisme au profit du genre masculin. Cela commence avec Ève punie d'enfanter dans la douleur pour avoir goûté au fruit de la connaissance.

L'AT nous présente un dieu hautement anthropomorphe (*à l'image de l'homme*). Ses représentations picturales le font ressembler à un vieux monsieur à barbe blanche.
Le portrait craché de Zeus ou Jupiter.

C'est une caricature de chef militaire tyrannique : colérique, vengeur, jaloux, cruel (il tue des femmes et des enfants), machiavélique (les 7 plaies d'Égypte), intolérant, despotique, injuste et manipulateur.

Le pire est ailleurs. Il désigne le peuple d'Israël comme le peuple *élu.* Il ordonne de massacrer les populations conquises en son nom.

Le seul intérêt de la lecture de l'AT est qu'il nous enseigne et nous aide à comprendre la difficulté, aujourd'hui, à résoudre le conflit israélo-palestinien.

L'Ancien Testament fut écrit par des Juifs au seul bénéfice des Juifs.

**Non, je ne me reconnais pas dans ce Dieu le Père
et j'espère qu'il n'a pas existé.**

Sara, la femme d'Abraham est stérile. Dieu lui conseille de coucher avec sa servante Agar. Ils ont ensemble un fils : le petit Ismaël. Sara récupère sa fertilité, donne un enfant mâle à son mari : Isaac.
L'épouse devient jalouse et chasse Agar et Ismaël.

La descendance d'Isaac, le peuple élu, donnera naissance à Israël. La descendance d'Ismaël au peuple arabe.

L'affirmation de l'Homme créé à l'image de Dieu est une hérésie, car elle sous-entend que Dieu est à l'image de l'homme (si a=b, b=a).

L'homme se définit par un corps physique et par sa personnalité. Si Dieu existait, il est certain que son corps physique ne ressemblerait en aucune manière à l'homme. La religion musulmane a été prudente de prôner l'iconoclastie (le refus de présenter l'image de Dieu). Il est vrai que la représentation anthropomorphique rabaisse Dieu à la condition humaine.

Si Dieu existait, il est certain que sa personnalité ne ressemblerait en rien à celui de l'homme. Le définir comme bon, grand, magnanime, tolérant, généreux, est non seulement faux, mais ne caractérise en rien l'essence divine. Penser qu'il nous écoute, nous pardonne, nous conseille, l'appeler Seigneur est une fois de plus lui conférer un caractère humain qui ne sert en rien son image.

La Bible – le Nouveau Testament (NT) et Jésus-Christ

Contexte du premier siècle

Dans les années 0, celles de la naissance présumée de Jésus, la situation politique et religieuse est perturbée. La Judée est occupée par les Romains. De nombreuses sectes font leur apparition et prospèrent sur la doctrine des Juifs et de leur livre sacré. Chacune invente son propre Messie en calquant ses caractéristiques sur les prophéties de l'AT.

C'est aussi l'époque des conteurs et des mages dont plus d'un, à force de charisme et d'illusionnisme, font croire aux miracles. Les chrétiens de cette époque n'étaient qu'une secte parmi d'autres.

L'ayatollah du Christianisme

Paul de Tarse, dit Saint Paul, est contemporain de Jésus, et l'a rencontré "mystiquement". C'est-à-dire pas du tout.
Il appartient à la secte juive des pharisiens, concurrente des chrétiens.
Il a toujours rêvé être le Messie mais, malgré une grande intelligence, ses malformations physiques ne lui confèrent pas le charisme nécessaire. Il combat donc les chrétiens avec rage jusqu'au jour où, par opportunisme, il retourne sa veste et se met à diffuser leur message.
Dans ses Épîtres et Lettres aux Corinthiens (et autres), il imprime dans le message christique ses propres déviances : dégoût de la sexualité, nécessité de la douleur purificatrice et soumission à l'autorité des puissants. Il forge les fondements castrateurs du Christianisme, alors que le concept initial était porteur d'amour.
Le Christianisme est la seule religion fondée sur la vénération de la mort et du supplice. Chaque lieu de culte reproduit le chemin de la Passion.

Les doutes sur la véracité du document

Le Nouveau Testament est composé de 27 livres différents, plus homogènes que l'AT.
Il comprend notamment 4 évangiles - Mathieu, Marc, Luc, Jean – sur la dizaine réellement écrits.
Il abrite également les lettres et épîtres de Paul.

Ces livres sont écrits environ **un siècle après la mort** de Jésus Christ.
Aucun des auteurs ne rencontre le personnage.
Ils écrivent sur ouïes-dires.
Jésus ne laisse aucun témoignage écrit.
Ses apôtres non plus.
Les historiens de l'époque passent à côté de l'événement.
Ponce Pilate, rédacteur d'un registre méticuleux des condamnations, oublie Jésus !

La découverte en 1947 des Manuscrits de la Mer Morte, antérieurs à la naissance du divin fils, laisse apparaître des passages entiers recopiés dans le NT.

Jésus serait né sous Hérodote, roi de Judée, mais à cette époque ce dernier était mort depuis 4 ans. Christ serait né dans une étable mais, au pays, les touristes visitent la grotte de Jésus. Les uns disent qu'il est né à Bethléem, les autres à Nazareth. À sa naissance les bergers étaient en pâturage. Situation impossible au mois de décembre.

Durant les 16 premiers siècles de notre ère, les manuscrits de l'AT ont été traduits, recopiés des centaines de fois, charcutés et censurés par les différents Conciles pontificaux. Un certain nombre d'évangiles ont été écartés (les apocryphes). Ils donnent des versions différentes de Jésus.

Qu'en reste-t-il de sincère et de réel ?

Je pense qu'un tribunal ne ferait jamais confiance au témoignage de la Bible comme preuve.
Moi non plus.

En résumé, la Bible n'est pas un livre crédible. C'est un empilement d'histoires merveilleuses, puisées dans différentes cultures. Mais c'est surtout un instrument dangereux mis entre les mains de personnes faibles et en quête de modèle. Cette remarque s'applique également au Coran.

La religion catholique

Le Catholicisme est le résultat de l'éclatement du Christianisme, en de multiples sectes ou courants.

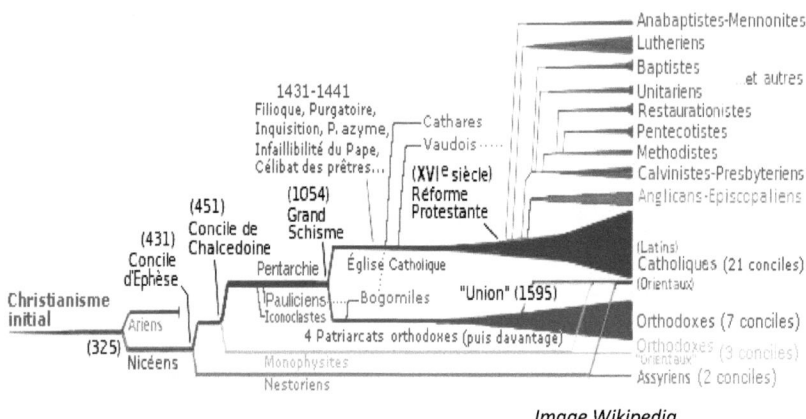

Image Wikipedia

Les papistes n'ont pas su faire l'union autour d'eux. Au contraire. La raison en est simple :

- Marchandisation des privilèges (Vente des Indulgences dès le 15eme siècle)
- Dérives somptuaires des Papautés (Luxe et perversions)
- Organisation hiérarchique quasi maffieuse
- et surtout violences et massacres pour imposer la conversion.

Les catholiques ont, tour à tour, persécuté : les autres sectes, les philosophes, les scientifiques, les juifs, les paysans et leurs croyances aux divinités naturelles (paganisme), les musulmans par huit croisades successives, les sorcières, les Vaudois, les Albigeois et les hérétiques avec comme arme suprême : **l'Inquisition**. Sont classés comme hérétiques, ceux qui émettent un avis différent de celui du Pape. C'est une époque où les rois, obéissant aux Pontifes, autorisent la **torture**. Les historiens parlent de plusieurs millions d'assassinats au nom de Dieu.

Ce à quoi le Catholicisme ne répond pas

Pourquoi Dieu laisse des enfants mourir dans le Monde ?
Pourquoi Dieu est-il représenté comme un homme et non comme une femme, pourtant créatrice de la vie ?
Pourquoi a-t-il envoyé son fils sans venir lui-même ?
Pourquoi a-t-il envoyé son fils et pas sa fille ?
Pourquoi a-t-il envoyé le sauveur au moment où la Judée était occupée par les Romains ?
Pourquoi a-t-il choisi le peuple juif pour être le peuple élu ?

En ce qui concerne les malheurs que subissent les malheureux, l'Église répond que Dieu les *met à l'épreuve*. Mais de quel droit ? Quand un enfant musulman meurt sous une bombe chrétienne (ou l'inverse),
qu'attend Dieu de cette épreuve ?

Évolution du concept déiste

Déiste : qui *reconnaît l'existence d'un dieu.*

Phase 1 : **Dieu et la nature**

Je situe l'origine du concept déiste à l'apparition de l'homme de Neandertal qui, le premier de la lignée des Homos, enterre ses morts avec des rituels. 300.000 ans avne.
Aucune trace ne permet de savoir quelles divinités il vénérait. Le chamanisme apparaît vers 40.000 avne. Ses divinités visibles sont connues : la forêt, le ciel, les animaux, la rosée de l'herbe, le vent, les fleurs, le soleil et l'eau, le feu… en un mot la nature.
On est en droit de penser que le premier homme "pensant" priait les mêmes dieux.

Phase 2 : **La nature et l'abstraction**

À partir de 10.000 avne, les arts se développent et la pensée de l'homme se tourne vers l'abstraction. La déesse Terre devient déesse de la fertilité. Apparaît un dieu créateur, généralement maître de tous, un dieu du destin, de la guerre, de l'amour…
Les Grecs commencent à les représenter sous forme humaine (en statuts) remplaçant les animaux ou les chimères (monstres imaginaires formés de plusieurs animaux).

Phase 3 : **Le dieu homme et unique**

Bien qu'elle ne soit pas la première, la religion judaïque impose vers 600 avne l'idée d'un dieu unique. *Dieu à créé l'homme à son image.* Donc Dieu et l'homme se ressemblent.
L'unicité divine amène à la dictature de pensée et le catholicisme s'impose en détruisant par la force les autres représentations déistes.

Moïse détruit le veau d'or. Toutes les fêtes païennes de la nature sont interdites au moyen-âge.

La nature perd son statut sacré et l'homme occidental oublie qu'il est son enfant.

Conclusions sur Dieu

*Dieu le Père et Jésus-Christ sont des inventions de la Bible. La Bible est un conte de fées façonné pour asservir un peuple en grande majorité ignorant. La religion est une médecine de **l'âme**. Aurions-nous confiance, pour soigner notre **corps,** en un livre de médecine de l'Antiquité ?*

Je ne peux plus me référer à ma religion de baptême ni à Dieu le Père quand je cherche des réponses. Dieu ne donne aucun sens à ma vie ni aucune preuve qu'il est un Bon Dieu.

Cependant, nier l'inexistence de Dieu est injuste, car Dieu existe dans le cœur des croyants.

Il est utile pour ceux qui n'ont pas de réponses à donner à leur questionnement spirituel, pour ceux qui ne cherchent pas d'autres réponses aux mystères, pour ceux qui ne trouvent pas de réconfort en eux-mêmes ni auprès de leurs proches et pour ceux qui ont peur de la mort.

L'athéisme

Je crois que l'on peut qualifier mon raisonnement d'athéiste.
C'est une attitude difficile à défendre socialement.
Autant il est facile de défendre la thèse du théisme sans être contredit ou conspué, autant l'inverse génère souvent l'acrimonie.

Les vieilles idées sont benoitement tolérées, même si elles s'échouent sur la réalité scientifique et le bon sens.
Les nouvelles sont fortement critiquées.
 Pourquoi ? Je n'ai pas encore tout compris.

Après cette longue marche dans l'information, je sollicite ma voix intérieure et mon inspiration. Curieusement, j'arrive à un niveau de conscience supérieur à mon habitude.

Un chemin se déroule dans mon Esprit comme une évidence.
Trouver des réponses sans solliciter Dieu, est-ce possible ?
Quitter cet état de dépendance spirituelle, est-ce possible ?
Tracer une philosophie de vie qui engendre le bonheur personnel et celui des autres, est-ce possible ?

Chemin n° **4**

Les postulats écothéistes

ECOTHEA est un chemin de pensée et d'actions,
un mouvement philosophique, spirituel et humaniste
ayant pour but de :
répondre aux questions fondamentales sur l'existence,
aider l'homme à vivre en harmonie avec la nature
et améliorer notre sensation de bonheur
et celle des autres.

Postulat : *Proposition qui ne peut être démontrée, mais qui est nécessaire pour établir une démonstration.*

La première fois que j'ai entendu parler de postulat, c'est à propos de Galilée. Le 22 juin 1633, Galileo GALILEI est condamné par l'Église à la prison à vie, à l'âge de 70 ans, pour avoir affirmé que la Terre tournait autour du Soleil et non le contraire. Il fut obligé d'abjurer sa déclaration et confia à son assistant : *"Et pourtant elle tourne".* De nos jours, l'acupuncture est dans la même situation de postulat.

Galilée était convaincu, mais la technologie scientifique de l'époque ne pouvait le prouver.
C'est également le cas des postulats de base du mouvement ECOTHEA.

La Matrice

La matrice est *l'organe* originel qui contient toute l'énergie du futur l'Univers, avant le big bang : **L'énergie primordiale**. Elle dégage un champ vibratoire complexe porteur d'un code énergétique, dénommé plus loin : le **Code**.

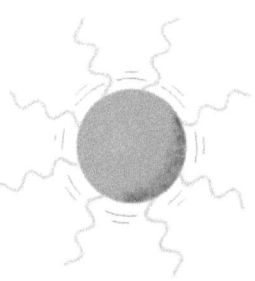

Par le big bang, La Matrice entre en expansion et crée le temps, la matière et l'énergie.

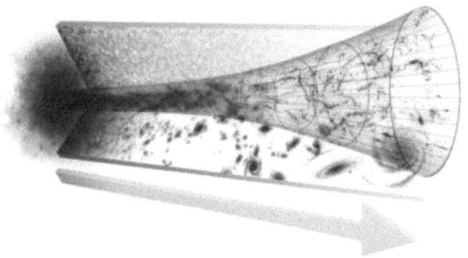

Matière : *On désigne par le terme de matière tout ce qui compose les corps qui nous entourent et tout ce qui présente une masse et un volume.*
Énergie : *l'énergie caractérise la capacité à modifier un état, à produire un travail entraînant du mouvement, de la lumière, ou de la chaleur. Toute action ou changement d'état nécessite un échange d'énergie.*

Le Code

C'est une vibration ondulatoire complexe.
Le code émane de la Matrice et contient 3 types d'informations :

1- Toutes **les règles mathématiques et physiques** de l'Univers sous la forme d'une **équation unique**. Cette dernière régit les forces électromagnétiques, quantiques et celles de **l'Énergie Universelle** (EU) nouvellement créée par le big bang. Albert Einstein et Stephen HAWKING étaient persuadés de son existence, mais n'ont pas eu le temps de la théoriser.

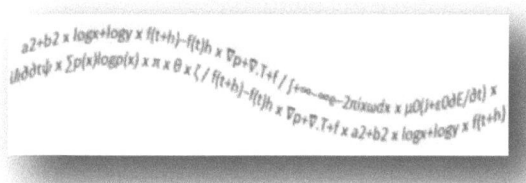

2- Le plan de développement de l'Univers peut se traduire par des mots : **CROISSANCE** ainsi que les moyens pour y parvenir : **ALLIANCE, PARTAGE** et **AFFINITÉ**.

3- La **mémoire** de l'expérience. Le Code s'enrichit de tous les événements de l'Univers comme l'ADN s'enrichit des événements de la vie.

**La vibration est l'énergie,
le Code est l'équation de cette énergie.
Le Code est un ADN spirituel.**

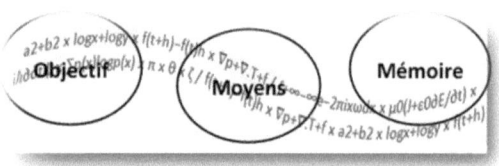

Localisation du code

Le Code prend sa place dans **tous les éléments** créés par l'énergie primordiale : particules, matières et corps vivants (végétaux, animaux, corps humain).

Il prend place également dans les **formes** susceptibles d'engendrer une résonance vibratoire (le cercle, par exemple), dans certains **lieux** d'échanges émotionnels (maisons, églises, arènes, monuments…), et dans l'**œuvre** des artistes.

Chaque être vivant détient la capacité de communiquer avec le Code. Les aériens sont davantage portés à le faire.

J'appelle "**Esprit**", le vecteur spirituel qui permet de communiquer avec le Code.

L'Énergie Universelle

Par le big bang, l'énergie primordiale de la Matrice a créé l'Énergie Universelle composée de plusieurs énergies répondant à des règles spécifiques.

Principe de constance

Il s'agit du principe selon lequel l'énergie totale de l'Univers actuel est identique à celle de la Matrice.

Énergie Primordiale ➔ Énergie Universelle
Rien ne se perd, rien ne se crée. Tout se transforme.

Recyclage de l'énergie

L'énergie de l'Univers se recycle en permanence.
Par exemple : l'Énergie Universelle engendre la vie et reprend la vie.
La plante se nourrit du sol, de l'air et de la lumière pour se développer. Elle devient fleur. L'énergie du vent ou la contribution des insectes la fécondent. Un fruit apparaît, mûrit à l'énergie du Soleil, éclate et ses graines se dispersent. Les graines se nourrissant du sol deviendront, à leur tour, plante.
Le phénomène de CROISSANCE reprend.

Quand le corps de l'homme arrive à la fin de son cycle, il redevient poussière et son énergie, porteuse du code, est recyclée par la nature.

Le Tout n'est qu'énergie

La matière est essentiellement composée de vide. L'atome est composé d'un noyau et d'un nuage d'électrons périphériques.
La distance entre le noyau et les électrons est comparable à celle de la terre et du Soleil. Le reste est constitué de néant.

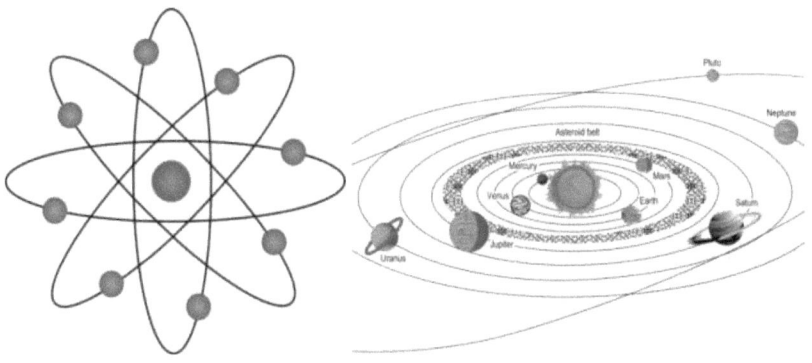

Un atome est à 99,99... % composé de vide.

Imaginez le vide contenu dans un corps humain ou un bloc de granit.
Si l'énergie n'existait pas, nous pourrions passer au travers de ce bloc qui d'ailleurs n'aurait aucune consistance et serait à l'état de "poussière fine".

Toute matière tient assemblée grâce à l'Énergie.

Les couleurs "n'existent pas". Notre sens de la vue interprète la différence de fréquence entre les champs énergétiques des photons.
Il se peut que la matière n'existe pas non plus. Qu'elle soit une énergie tellement condensée, avec une certaine fréquence, que nos sens l'interpréteraient comme objet, comme son, comme odeur, comme goût ou comme consistance.

L'Énergie Universelle se divise en plusieurs catégories ,
dont voici **les principales**.

L'énergie blanche

C'est l'énergie primaire de l'invisible, l'énergie des **particules de rayonnement**.
Une partie de cette énergie provient directement du big bang.
Elle contient des ondes électromagnétiques, **neutrinos**, rayons X, photons, rayons gamma, alpha, bêta, ondes radio, etc.
Notre planète en reçoit plusieurs millions par seconde.

Le tout est absorbé par la matière et modifie sensiblement sa structure et son énergie.

L'énergie noire

C'est une énergie provenant de la **transformation** de l'énergie primordiale en matière.

Elle est donc émise par les corps solides, liquides, gazeux et vivants. Elle est pressentie en 1900 par Raymond POINCARÉ et mise en équation en 1905 par Albert EINSTEIN : $E=mc^2$. L'énergie de la matière est égale à sa masse (**m**), multipliée par la vitesse de la lumière (**c**) au carré. Cette énergie se manifeste par la **gravité**.

Si la Terre tourne autour du soleil, c'est grâce à la gravité de l'astre.
Si la Lune tourne autour de la terre, c'est grâce à la gravité de la planète.
Si la pomme tombe sur la tête de Newton, c'est encore la gravité.

Un trou noir, aussi appelé antimatière, présente une masse tellement élevée (par concentration de ses atomes) et une énergie noire tellement forte qu'il attire, par gravitation, tous les éléments qui s'en approchent.

La Lune exerce une force sur la Terre. En agriculture : *pendant la lune croissante, les plantes sont plus résistantes aux maladies. Les fleurs en bouquet tiennent plus longtemps dans les vases et les fruits et les légumes récoltés durant ces quelques jours se conservent plus longtemps. En lune décroissante la vitalité des plantes est réduite, mais leurs couleurs, saveurs, parfums et autres propriétés sont supérieurs.* Elle exerce également sa force sur les marées.

Chez les animaux, elle accélère les accouchements.

L'Énergie Noire n'a pas seulement comme effet la gravité. La Terre émet aussi une énergie **magnétique** et **radioactive**.

Bien que ce ne soit pas encore démontré scientifiquement, les pierres précieuses, les cristaux de roche, les métaux dégagent des vibrations qui leurs sont propres. Le pouvoir du minéral correspond à sa qualité de cristallisation.
Dès que les premiers Homos réalisent le fort potentiel énergétique de la nature, ils portent sur eux des pierres ou des métaux.

L'élément le plus énergétique est, sans conteste, **l'eau**. Son énergie est proportionnelle à sa température. Les anciens connaissaient les bienfaits des bains de vapeur. Eau + chaleur ou vapeur d'eau, également du bain de mer, alliance de l'eau et du sel.

L'énergie noire, proportionnelle à la masse du corps, est présente également chez les plantes, les animaux et les humains. Mais, vu la faible masse de ces derniers, leur influence sur l'environnement est quasi nulle.

L'énergie bleue

Elle est engendrée par la transformation de l'Énergie Blanche par le corps **vivants**.
Elle est émise par les animaux et surtout par les **humains** qui peuvent la contrôler. On l'appelle aussi **l'énergie vitale**.
L'être humain dégage naturellement une énergie perçue par certains sous forme d'**aura**.

Il peut la stocker, la partager, la régénérer.
Elle se matérialise également par la pensée. Des capteurs encéphaliques peuvent aujourd'hui mettre en évidence les signaux émis par le cerveau et les traduire graphiquement sous forme d'onde.

Certaines transmissions de pensées ou intuitions subites procèdent, à l'instar de phéromones immatérielles, de l'énergie bleue. Dans certaines occasions, on appelle cette affinité vibratoire : "atomes crochus".

L'énergie verte

Elle est engendrée par la **transformation** de l'Énergie Blanche par les **végétaux**.
Ils émettent afin de communiquer entre eux, mais aussi pour soigner les vivants.

Chaque plante possède sa "vibration" et son utilité dans l'écosystème.

Enserrez vos bras autour d'un arbre pendant dix minutes et vous la ressentirez.

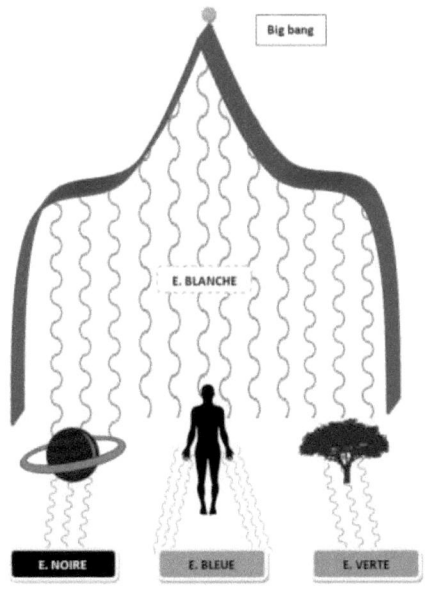

L'énergie pourpre

C'est une énergie de résonnance. Elle ne provient pas de l'énergie primordiale, mais de traces du Code laissées par les **émotions des vivants** qui, se combinant, forment un autre Code et une énergie nouvelle.

Les maisons, où se sont passés des événements forts, en portent la trace et dégagent de l'énergie pourpre (agréable ou désagréable). C'est le cas des maisons dites "hantées".

En revanche, une demeure dans laquelle une famille vécut heureuse porte une énergie très positive.

Une arène datant de l'époque romaine abrite en elle l'empreinte des sacrifiés et du public exalté. Un grand stade de football aussi. Asseyez-vous, seul, sur le banc de l'une ou l'autre et fermez les yeux. Si vous êtes assez réceptif, vous ressentirez cette force.

Une église ou un temple sont des lieux de prières, de joies et de peine. On y vient ouvrir son "âme".
C'est un lieu idéal pour recharger sa propre énergie.

L'énergie violette

Elle ne provient pas de l'énergie primordiale, mais de la résonnance des autres énergies au travers de la **forme** de la matière. Le rectangle d'or, le cercle, la pyramide, l'alignement, revêtent une équation mathématique qui met la vibration du code en résonnance et en crée une nouvelle.
Faites l'expérience de vous asseoir au milieu d'un cercle de dolmens celtiques.

Les Éveillés

Il s'agit de ceux qui ont réussi à **communiquer avec le Code grâce à l'Esprit.**
L'Esprit se manifeste, chez l'homme, à travers sa voix intérieure ou son intuition.
Les prophètes disent entendre la voix de dieu. Ils sont simplement connectés au Code et se parlent à eux-mêmes (voix intérieure). Ils accèdent à un état de **conscience augmentée** et sont capables de raisonnements "extraordinaires".

Ceux qui en font l'effort, peuvent communiquer avec le Code. Certains consignent leur expérience dans des livres et la partagent, d'autres la gardent pour eux. Certains laissent leur nom dans l'Histoire, d'autres non.
Ils sont à l'origine de courants religieux ou philosophiques, de découvertes scientifiques, d'inventions, d'œuvres d'art … D'autres, moins connus, se sont engagés sur les chemins du service à leur dieu…

Ils sont éveillés par leur accès au Code et en font profiter l'humanité.
Parmi eux, on peut citer : Abraham, Ramsès II, Sargon d'Akkad, Zarathoustra, Socrate, Platon, Siddhârta Gautama, Mahomet, Léonard

de Vinci, Mozart, Bach, Kepler, Jules Verne, Gandhi, Einstein, Hawking
..... et les Chamanes.

Les Chamanes
Le chamanisme n'est pas une religion dans la mesure où il ne regroupe aucun fidèle autour d'un officiant. Ne sont chamanistes que les chamanes.

Le chamanisme est une pratique centrée sur la médiation entre les êtres humains et les esprits de la nature ou les âmes du gibier, les morts du clan, les âmes des enfants à naître, les âmes des malades à guérir, la communication avec des divinités, etc. C'est le chamane qui incarne cette fonction, dans le cadre d'une interdépendance étroite avec la communauté qui le reconnaît comme tel.

Il apparaît en Sibérie, environ 40.000 ans avne – et se répand dans le monde entier : Chine, Corée, Mongolie, Tibet, Afrique de l'Ouest, Turquie, Scandinavie, Grèce...

Le **druidisme** en est une déclinaison.

Le chamane est un personnage **initié** qui entre en relation avec les forces invisibles pour aider les membres de sa communauté. Il parle avec les esprits comme d'autres parlent avec l'Esprit. Il est guérisseur, grâce à son énergie vitale. Il remplit un rôle très important dans les villages où n'existent ni école, ni médecin, ni médiateur.

J'approuve certaines pratiques du Chamane :

Il respecte la nature, avec laquelle il fait alliance.
Il y puise une partie de son énergie et de ses "pouvoirs".
Il accède à un état de conscience supérieure.
Il constitue un trait d'union entre les forces visibles et invisibles.
Il se donne pour mission de guérir et d'aider sa communauté.
Il ne vient pas remplacer les religions existantes.
Sa philosophie est basée sur la spiritualité.
Il sait que tout comportement humain impacte son environnement.

Que l'harmonie et le bonheur procèdent d'une alliance entre le visible et l'invisible.

Il partage son énergie vitale avec les autres.

Il est dépourvu de dogmes, d'église et de clergé.

Il fait œuvre d'enseignement dans sa communauté.

Il ne donne pas, il échange.

Je n'adhère pas à certaines autres :

Il croit en de multiples divinités et esprits.

Il utilise des drogues pour communiquer avec elles.

Le chamane est toujours un homme.Il parle avec les morts.

Il pratique la médecine.

Il affirme avoir des pouvoirs surnaturels.

Il est entouré de rituels et de symboles.Il est unique dans sa communauté, respecté et craint.

Il intercède avec les esprits pour vaincre ses ennemis.

Après la mort ?

Notre corps physique redevient "poussière". L'Énergie Noire constituée par la masse de notre corps se dissipe et rejoint l'Énergie Universelle. (Rien ne se perd, rien ne se crée)
Notre Énergie Bleue se formait par la transformation de l'Énergie Blanche par le corps.
Donc, elle et son Code disparaissent. Comme l'âme.

Pour aller où ? Plusieurs hypothèses sont possibles :
- Il continue à "flotter dans l'air" et à se "promener" au milieu des vivants.
  C'est la thèse spirite.

- Il monte au Paradis.
  C'est la thèse des croyants.

- Il se greffe sur un autre corps en formation.
  C'est la thèse de la religion hindouiste et bouddhiste (la réincarnation).

- Il rejoint une communauté de Codes, formant un Code unique et plus puissant.
  C'est la thèse de Teillard de Chardin : la Noosphère.

- Il disparaît, recyclé dans l'énergie universelle.

Je n'ai pas la réponse et ECOTHEA non plus.
C'est une des questions sur lesquelles les ateliers travailleront.

Vivre ECOTHEA

Vivre ECOTHEA est une attitude aussi bien physique
que mentale et spirituelle.
C'est un chemin d'ouverture d'esprit, d'écoute,
d'intérêt pour la vie et les autres,
une volonté de s'améliorer, de partager, de travailler en groupe
et d'amorcer un changement.

Cette démarche permet de se sentir mieux dans sa vie
et de porter assistance à ceux qui en ont besoin.

Voici, en résumé, quelques-unes des sections qui forment l'arbre
ECOTHEA. *Liste indicative.*
Apprendre ouvre l'esprit et renforce les capacités cognitives. Chacune
aide la conscience à se hisser à un niveau supérieur et favorise la
circulation et la maîtrise de l'énergie.

1- Les nourritures intellectuelles
Écologie, Psychologie relationnelle, Sciences Humaines, Physique,
Économie, Histoire, Connaissance du corps humain...
Enseigné par atelier-conférence au sein d'ECOTHEA.

2- Les nourritures spirituelles
Philosophie, spiritualités, maîtrise des énergies en vue de soins,
sciences alternatives...
Enseigné par atelier-conférence et ateliers-partage d'expérience au
sein d'ECOTHEA.

3- L'entretien du corps physique

Expression corporelle, biodanse, yoga, sophrologie, chant, diététique...
Guidé par un coach au sein d'ECOTHEA.

4- l'entretien du corps spirituel

Méditation, théâtre, débats ...
Pratiqué en ateliers au sein d'ECOTHEA.

5- L'ouverture aux autres par l'alliance

On peut également définir ECOTHEA par un **groupe d'intelligences**, de sensibilités, d'expériences et de volontés **connectées entre elles**. L'alliance de ces cerveaux, de ces cœurs, de ces personnalités et de ces Codes différents amènera ECOTHEA à progresser et fera progresser tous ses membres.

L'Alliance, c'est aussi : l'accord, l'amitié, l'assistance, l'association, la communion, la complicité, l'entente, la famille, l'harmonie, la solidarité, le mariage, la liaison, le mélange, le partenariat, le rapprochement, la réunion, la sympathie…. Tout ce qui nous permet d'être ensemble et de nous tenir la main, physiquement et moralement.

6- L'ouverture aux autres par le partage

Nous avons tous une richesse à partager : un savoir, un savoir-faire, une expérience, un projet, un souci, un peu de temps, notre optimisme, une envie d'être et de faire. Une fois de plus la richesse ne se compte pas en argent. Toute "l'économie" d'ECOTHEA repose sur le partage.

Je donne, je prends, je partage.

Le partage c'est aussi : l'accueil, le don de soi, la mutualité, l'aide, la participation, la réciprocité, le jeu, la charité, l'échange d'expériences, la diffusion…

7- L'ouverture aux autres par l'amour

L'Amour prend ici la place de l'affinité. Le terme "amour" représente toutes les attitudes suivantes : l'admiration, le compliment, l'attachement, l'intérêt pour l'autre, l'écoute, la sympathie, l'empathie, la charité, la politesse, le respect, l'estime, la fraternité, la camaraderie, la passion partagée, la philanthropie, le respect, l'écoute, la bienveillance, l'amitié, l'amour du cœur, et l'amour du corps.

L'amour est la plus importante et la plus large des instructions du Code. C'est un des catalyseurs de l'Alliance et du Partage.

La religion catholique culpabilise les consciences sur la sexualité et le plaisir alors que ces échanges permettent une production d'Énergie Bleue considérable. Au cours d'un acte sexuel se déroulent des échanges de sons, de chaleur, de goûts, de phéromones puissantes ou inodores, de caresses, de fluides, d'énergies. Qu'y a-t-il de plus beau, plus naturel et plus pur ? Pourquoi priver l'être humain de son plus beau moyen de monter au ciel ?

L'Amour possède une grande vertu : la multiplicité.
On peut aimer ses parents, ses enfants, son conjoint avec une intensité équivalente et de manière différente.
Plus je suis en état d'amour et plus je suis prêt à aimer davantage.

Avec une intensité différente, nous pouvons aimer notre famille, nos amis, nos collègues, nos voisins. Et pourquoi pas des inconnus, voire ses ennemis ?
Impensable ? Il est trop tôt pour en parler.

8- Les sources d'énergie

L'équilibre provient de sa bonne circulation dans le corps. Pour faire circuler, il faut "s'approvisionner" et partager.
La meilleure source d'énergie bleue est le **partage** avec d'autres vivants : serrer un arbre dans ses bras, ressentir la vibration d'une fleur au printemps, prendre son chat sur ses genoux, regarder son chien

dans les yeux, partager une émotion avec d'autres humains, parler, embrasser la joue d'un enfant, poser sa main sur celle d'un ancien ...

Mais aussi, privilégier les nourritures énergétiques (pas caloriques) comme les fruits mûris au soleil, se recueillir dans une chapelle, prendre un bain de mer, choisir sa décoration (feng shui, entre autres). Et aussi, nous l'avons vu plus haut, partager de l'amour.

9- La pratique d'un art
L'art est une ouverture de l'esprit sensible de notre individu en vue de matérialiser les impressions et les émotions. La pratique d'un art est bonne pour sa propre circulation d'énergie et excellente pour la communication interpersonnelle.
Elle nous apprend à prendre des risques, à nous mettre "en danger" de la critique de l'autre, donc à renforcer ses défenses psychologiques. Peinture, écriture, théâtre, musique, chansons, sculpture, mosaïque, poterie...
Enseignés et pratiqués en atelier et guidé par un coach au sein d'ECOTHEA.

10- La méditation
Je préfère la méditation de pleine conscience à la méditation transcendantale. Elle est d'un abord plus facile pour les Occidentaux et peut se pratiquer, par exemple, assis en regardant la mer ou en observant la nature.
Pratiquée en atelier guidé par un coach au sein d'ECOTHEA.

11- La recherche
L'Univers de la spiritualité croise d'autres chemins qui présentent, comme point commun, de faire appel à un esprit ouvert sur diverses croyances : les univers parallèles, la communication avec l'au-delà, la numérologie, la transmission de pensée, l'auto guérison, la signification des rêves, la radiesthésie, le reiki, les expériences de mort imminente, le dialogue avec les animaux et les végétaux, la méthode Coué, le symbolisme, l'astrologie, les sorties extra-corporelles, le

pouvoir de l'eau, la force du mental, la médiumnité, les vies antérieures... nous nous apercevons que la spiritualité est "encombrée" de bon et de mauvais pèlerinages (j'emploie ce mot en prolongation de l'idée de chemin).

Chacune de ces disciplines sera étudiée et expérimentée au sein de groupes de travail pilotés par les membres d'ECOTHEA. Tout élément spirituel doit être soumis au regard du doute, car sans doute possible, il n'est pas de liberté d'esprit.
Les postulats ecothéististes feront également l'objet d'analyse.

12- L'amour de la nature
L'homme est constitué d'éléments naturels qui se sont réunis par alliance.
Il vit d'échanges avec elle quand il respire, quand il mange, quand il boit, quand il se réchauffe, quand il se protège. La nature lui donne tout, mais que lui rend-il ?
Il respire l'oxygène et recrache du gaz carbonique. Il prend d'elle et il lui restitue ses déchets.
Dans un écosystème où toute action entraîne une conséquence sur son environnement, il nous est facile d'imaginer le déséquilibre biologique, physique, énergétique du monde dans lequel nous vivons.
Les scientifiques commencent à étudier les communications entre les animaux et entre les végétaux. En fait, tous les êtres vivants, grâce à l'ADN, aux phéromones, au Code communiquent entre eux.
Quand l'attitude de l'homme envers la nature aura changé, la nature en ressortira plus forte et en fera profiter l'Humanité.
Cela doit passer par le respect, mais l'amour est tellement plus sexy (qui charme).
Apprenons à connaître la nature, nous l'aimerons certainement.

13- Les tendances naturelles
Le terme "tendance" recouvre les émotions, les sentiments, les pensées, les attitudes, les promiscuités et les comportements. Il en existe des positives : elles rendent l'homme meilleur, lui facilitent la

vie en société, améliorent sa **santé**, rendent les autres meilleurs, favorisent la maîtrise de l'énergie. Et par opposition des négatives qui aboutissent au contraire.

<u>Les tendances positives</u>
Sans ordre hiérarchique : amitié, amour, autonomie, bienveillance, clémence, compréhension, confiance, courage, courtoisie, écoute, empathie, générosité, gentillesse, justice, naturel, objectivité, **optimisme**, partage, patience, persévérance, réalisme, sensibilité, sincérité, solidarité, sourire, sympathie, tolérance …

<u>Les tendances négatives</u>
Arrogance, avarice, avidité, colère, convoitise, détestation, égoïsme, indifférence, intolérance, irrespect, irresponsabilité, jalousie, malhonnêteté, manipulation, méchanceté, médisance, mépris, oisiveté, paresse, pessimisme, préjugés, racisme, versatilité.

Être écothéiste, c'est s'appliquer à **diminuer ses tendances négatives** et **augmenter les positives**.

14- L'écriture
L'écriture est un des arts les plus productifs pour l'esprit. Elle favorise le passage de la pensée à l'expression en laissant le temps - contrairement à l'expression orale - à la réflexion et la correction.
À part les analphabètes, tout le monde peut écrire. Le plus important n'est pas le style, mais l'histoire et chacun de nous en possède une personnelle.
Même s'il pense qu'elle n'a pas d'intérêt pour les autres.
L'écriture sera travaillée en atelier avec un coach au sein d'ECOTHEA.

L'arbre de connaissances ECOTHEA

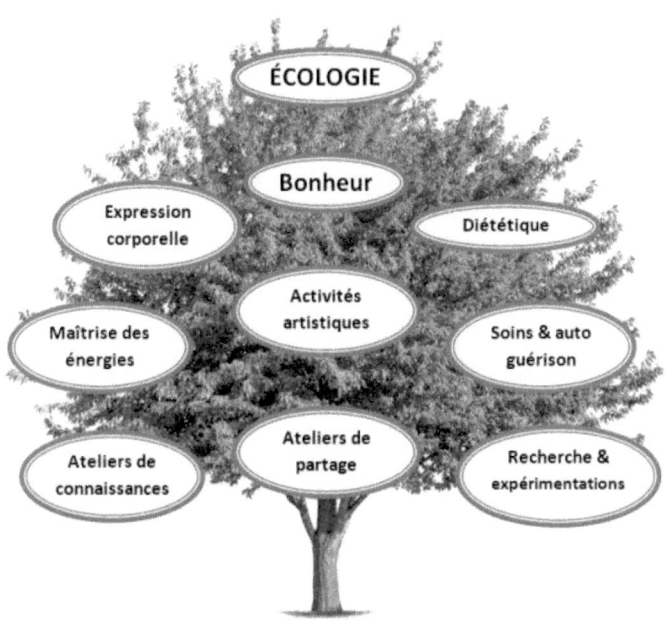

Chemin n° 5

Réflexions métaphysiques et écothéistes

La Nature et le Code

Le monde minéral abrite le Code

Les cristallisations du sel, du diamant ou de l'eau présentent des équations mathématiques parfaites. Les minéraux ne contiennent pas de cellules. Donc pas d'ADN. Ils contiennent le Code.

La matière obéit à des lois mathématiques rigoureuses, mises en évidence par Kepler, Newton et Einstein. L'étude macroscopique de la nature répond aux lois de la relativité, et l'étude atomique aux lois de la physique quantique, propre à tous les atomes de l'Univers.
C'est une preuve irréfutable de la présence d'un Code.

La forme du flocon de neige présente une structure fractale, équation complexe, mais reproductible par un ordinateur. Les atomes d'une molécule forment un polygone parfait. Souvent un pentagone.

Les formes naturelles abritent le Code (qui n'est autre qu'une vibration complexe).
La nature reproduit parfaitement le cercle. Cette forme est soustendue par une équation et un nombre constant π et une équation $\pi=C/D$.
Les ondes formées par une pierre qui tombe dans l'eau répondent à une équation sinusoïdale.
La nature reproduit fréquemment, dans sa disposition l'équation suivante $\phi=(a+b)/a = 1{,}618$: le nombre d'or.

La Nature, c'est aussi l'invisible de notre environnement. L'Énergie sous toutes ses formes : noire, blanche et bleue.

Outre l'ADN contenu dans chaque cellule, **le monde végétal abrite le Code**.
Il se multiple et "négocie" des alliances avec les autres végétaux pour partager l'espace de vie.
Il partage les fluides gazeux en transformant le gaz carbonique en oxygène, le jour et, la nuit, l'oxygène en gaz carbonique.
Il partage en transformant l'Énergie Blanche en Énergie Verte, en nourrissant les hommes.
Il partage en apportant du bien-être décoratif à son environnement.
Il apporte la fraîcheur, embellit le paysage, purifie l'air.

Le monde animal abrite le Code.
Tout d'abord les mammifères sont composés sur une architecture quasi symétrique : deux organes pour la

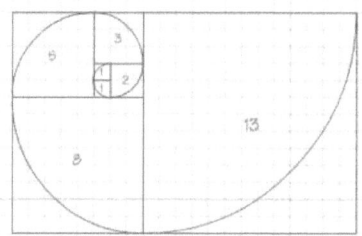

vue, deux pour l'ouïe, un organe avec deux cavités pour l'odorat, deux poumons, deux jambes, deux glandes sexuelles…. Cette architecture répond à l'ADN qui répond au Code.

Observez la parfaite géométrie de l'essaim des abeilles. De l'étoile de mer. De la toile d'araignée. De l'œuf. L'agencement de la plume d'oiseau qui, elle, ne contient pas de cellule donc pas d'ADN.

Le nombre d'or, répété en doublant la longueur du segment initial, produit une spirale régulière. La spirale d'or. On la retrouve, entre autres, dans la construction des coquilles de mollusques.

L'eau

L'eau est, de tous les éléments naturels présents sur Terre, le plus énergétique, le plus simple et le moins connu. La plupart des scientifiques ne parviennent pas à expliquer pourquoi et comment elle se comporte.

Tout d'abord, l'eau est d'origine extra-terrestre. Sans doute parsemée sur la planète par des météorites. Elle constitue l'élément le plus répandu à sa surface. 70 % du corps humain en est composé. Elle est indispensable à toute espèce vivante et la vie commença dans l'eau.

Compte tenu de sa structure moléculaire, de la température de la planète et de sa pression, l'eau ne devrait n'être présente qu'à l'état de vapeur.

C'est le seul élément à coexister sous les 3 états de la matière : solide, liquide et gazeux.

C'est le seul élément qui se dilate avec le froid et se rétracte avec le chaud.

Sa cristallisation en flocon de neige, par exemple, est une des plus parfaites figures géométriques que la nature produise.

L'eau est le plus puissant solvant naturel et sa tension de surface est supérieure à n'importe quel autre liquide. Ce qui permet, par exemple, à un insecte de marcher dessus.

Sa fluidité est inexplicable. Elle peut par simple capillarité, vaincre la gravité et monter, par exemple, dans les fins vaisseaux de sève des plantes et surtout des troncs d'arbre.

Elle est connue de tout temps pour son pouvoir curatif, dans les thermes, à boire ou en bain de mer. Les guerriers romains s'y rendaient pour soulager leurs douleurs. SPA signifie Sanitas Per Aquam, la santé par l'eau.

À peu près toutes les civilisations se servent de l'eau pour purifier le corps et l'Esprit.
Plusieurs scientifiques commencent à diriger leurs études sur cet élément étrange. Le premier à s'y être intéressé est le docteur Jacques Benveniste qui tenta de démontrer la **mémoire de l'eau**. Résultats qui auraient beaucoup intéressé les **homéopathes**. Malheureusement, un manque de rigueur dans ses expériences discrédite ses résultats.

Les recherches sont reprises par le Professeur Luc Montagné, prix Nobel de médecine pour sa découverte du virus du SIDA. Il avance lentement, mais peut présenter ses résultats probants devant les caméras de FR2.
De l'eau, contenant de l'ADN contaminé par le virus, est diluée au facteur 10 jusqu'à ce qu'il ne reste plus aucune molécule dans l'éprouvette. Le flacon, passé devant un détecteur, présente sur le spectroscope, un rayonnement équivalent à celui d'une éprouvette "pleine" d'ADN. Il peut aussi coder ce rayonnement sous forme numérique et l'envoyer par Internet à un laboratoire situé en Italie à

1.500 km. L'autre équipe décode le signal et infecte un ADN vierge qui devient séropositif.

Le professeur Korotkof de l'Université de St Petersburg et un chercheur japonais du nom de Masaru Enoto travaillent sur la cristallisation de l'eau par congélation rapide.

Les photos prises au microscope montrent des schémas de cristaux différents en fonction des émotions des assistants présents dans le laboratoire. Une émotion négative donne une forme dissymétrique au cristal. Une émotion positive, une forme quasi parfaite. Pourtant la structure moléculaire de l'élément n'a pas été modifiée.

Une équipe américaine découvre dans la molécule d'eau H_2O (deux atomes d'hydrogène, un atome d'oxygène) des groupes de molécules appelés "Cluster". Elle avance que ces clusters pourraient agir comme disque dur et stocker l'information.

Ce n'est pas étonnant, car l'essentiel de la recherche actuelle, sur le stockage des données, se focalise sur des molécules biologiques comme l'ADN.

Le destin

Le destin désigne, au moment présent, l'histoire future d'un être humain ou d'une société telle qu'elle est prédéfinie par une instance qui est soit considérée comme supérieure aux hommes (éventuellement divine), soit comme immanente à l'univers (éventuellement la Philosophie ou la nature).

Les religions judéo-chrétiennes ont repris cette forme de pensée. Elles ont simplement remplacé le destin par Dieu.
Peut-on influencer le destin ? Par la pensée ? Par les prières ? Par des offrandes ? Par une bonne conduite ?

Penser que c'est impossible, est renoncer à notre "libre arbitre". La faculté d'infléchir le futur probable existe, mais jamais par l'exhaussement d'une prière dirigée vers une entité divine. Nous pouvons infléchir le destin par une attention particulière à notre vie. Par le travail. Par l'amour partagé. Par le respect de la Nature. Et par une bonne "culture" de notre énergie.

Le hasard

Le hasard est un événement non lié à une cause. Il peut être synonyme de l'imprévisibilité, de l'imprédictibilité, de fortune, de destin, ou lié aux mystères de la providence.

Cette définition "non liée à une cause" peut se discuter.

- Je rencontre un ami dans la rue ***par hasard***.
  D'une part, je m'y suis rendu et d'autre part, lui s'y est rendu aussi.

- Je suis au mauvais endroit au mauvais moment, car je m'y suis rendu.

- Je gagne au loto, car j'ai joué.

- J'ai un poker d'as dans la main, car le donneur a mélangé les cartes et les a distribuées.

Le hasard répond à des lois : la loi statistique des grands nombres entre autres.
Une pièce de monnaie possède 50 % de chances de tomber sur pile et 50% de chances de tomber sur face. Les machines à sous des casinos sont réglées pour rendre 6 % des mises. Le hasard du jeu est donc manipulé même si ,en moyenne, chaque joueur détient les mêmes chances.

- La grêle tombe sur le toit d'une voiture et l'endommage.
  Elle répond à une série de règles physiques et d'équations faisant intervenir la température, le taux d'humidité, la pression de l'air, la vitesse du vent, etc....

Peut-être, dans un futur proche, découvrira-t-on les équations qui définissent ce que nous appelons aujourd'hui le hasard.

Aucune divinité n'est responsable du hasard.
Dire "*C'est Dieu qui l'a voulu*" est une **superstition**.

Superstitions : Le dictionnaire nous donne 2 définitions :
  1.   Comportement irrationnel vis-à-vis du sacré; attitude religieuse considérée comme vaine.

  2.   Fait de croire que certains actes ou signes entraînent mystérieusement des conséquences bonnes ou mauvaises.

Pourquoi apprivoiser l'énergie ?

Apprivoiser l'énergie consiste à savoir la **chercher** en soi, dans la nature et chez les autres, à être apte à **transformer** les énergies environnantes, à les **stocker** sans altération et à les **partager** à bon escient.
Maîtriser l'énergie est un moyen de se sentir mieux et d'aider les autres..

Se sentir mieux
Une bonne énergie préserve des maladies physiques et mentales. Pendant la grande peste de 1347, qui tua un tiers de la population française, beaucoup de soignants, alors que le vaccin n'existait pas, n'ont jamais été contaminés.
Ils étaient simplement préservés par leur énergie vitale. Elle permet également un meilleur sommeil.
Une bonne énergie rend heureux et sociable. Elle attire les autres à soi. Elle rend optimiste.
Elle permet d'acquérir plus facilement de nouvelles connaissances et, par la voix de l'Esprit, d'accéder à un niveau de **conscience augmentée**.
Cet état permet d'exécuter et de créer plus facilement. Mozart avait-il de l'énergie ?

Aider les autres
L'énergie vitale est "contagieuse". Elle attire les autres en quête de réconfort.
Il faut en avoir pour en donner, tout en se préservant de ceux qui en abusent.
Elle permet également, avec de la pratique et des connaissances, de **soulager** et de **soigner**.

La lévitation

La première fois que j'ai pris connaissance de la lévitation, c'est à la lecture d'une aventure de Tintin au Tibet. Un moine s'élevait du sol avec une petite spirale au-dessus de la tête.

La réelle lévitation ne défie pas les lois de la gravité, du moins pas encore. Des "initiés" peuvent l'atteindre, mais elle restera au niveau de la **conscience** seulement. Hergé l'avait pressenti en dessinant cette petite spirale au-dessus du crâne.

La lévitation spirituelle est l'accession de l'esprit à un niveau de conscience augmentée.

Un chapitre précédent traite de *ceux qui ont accédé au Code*. Ils ont pu le faire en état de lévitation spirituelle. J'ai la chance d'y être parvenu récemment et la plupart des chapitres de ce livre ont été écrits dans cet état.

Chacun de nous peut y parvenir.

Le moine bouddhiste de la bande dessinée vous dirait que c'est grâce à la **méditation**. C'est exact, mais ce n'est pas le seul moyen. "**Être ECOTHEA**", se mettre sur son chemin, acquérir des connaissances, travailler ses énergies... amènent au même résultat.

Personnellement, je me suis mis à travailler sur le sujet depuis trois ans. Je ne suis entré en état de conscience augmentée que depuis cinq mois. Pendant la rédaction de ce livre.

Un jour, alors que je réfléchissais à mon manuscrit, ma conscience prit de la hauteur - comme certains peuvent sortir de leur corps et se regarder - et j'ai découvert tout ce qui n'allait pas dans mes écrits.

J'ai aussi mes **catalyseurs** personnels de conscience augmentée : un bain de mer, une promenade en forêt, un bain de soleil, un SPA... C'est dans un de ses moments que le concept du Code m'est apparu. J'ai tout de suite consulté des sources d'information sur le sujet et me suis aperçu que Einstein et Hacking étaient à la recherche de l'équation universelle.

Je souris en pensant que j'ai peut-être été pendant quelques minutes au niveau d'intelligence de ces deux personnages... non, je plaisante.

Chemin n° **6**

Le projet ECOTHEA

.

Pour le moment, ECOTHEA n'existe que dans ma vie depuis 3 ans (sans doute davantage), dans ce livre et dans l'amitié de ceux qui ont partagé mes travaux.

Seul, je ne peux faire que philosopher alors qu'**il faut agir.**

Je plante aujourd'hui une **graine** qui deviendra plante, puis arbuste, puis peut-être arbre.
En rejoignant ECOTHEA vous lui donnez la chance de devenir bosquet, bois et peut-être forêt.

Restons utopistes.
La philosophie ECOTHEA peut franchir les frontières. Attention, elle **ne changera jamais le monde.**
Le Monde n'évoluera jamais par la contrainte.
Le courant écologiste patine. Le Christianisme n'a séduit que 37 % de la planète et principalement l'Occident consumériste et affairiste (et à quel prix !). Les pays pauvres d'Afrique et d'Amérique du Sud n'ont été convertis que par la colonisation. Karl MARX, malgré sa doctrine humaniste a échoué. Adolf HITLER malgré sa rage et sa folie a été stoppé.
Quand on m'impose, je m'oppose. (Maria Montessori)
Les seuls qui ont réussi a changé le monde l'ont fait par **le plaisir** : Coca-Cola, Mac Donald, Bill GATES et Microsoft, Marc ZUKERBERG et Facebook.

ECOTHEA sera un catalyseur des énergies individuelles au profit du bien-être collectif.

ECOTHEA vous invite à la rejoindre et à former une intelligence,
une sensibilité et un savoir unique par l'alliance, le partage et l'amour.

Les étapes

1. Entrer en contact et faire connaissance

2. Structurer l'association dans un but non lucratif

3. Élaborer un schéma de travail

4. Faire le bilan de ce que nous recherchons et de ce que nous pouvons partager

5. Construire l'arbre ECOTHEA en "mini-université" de l'écologie, du savoir alternatif et de la maîtrise de l'énergie vitale.

6. Faire connaître ECOTHEA.

Rappel de ce que nous pouvons partager :
un savoir, un savoir-faire, une expérience, un projet, un souci, un peu de temps, de l'optimisme, une envie d'être et de faire.

Devenir un homme nouveau

Parler d'homme nouveau induit l'existence d'un ancien et de la transition entre les deux.

Ce changement est inéluctable, car il fait partie des lois naturelles de l'évolution.

Si l'on avait dit à Neandertal : "Un jour, tu perdras tes poils, ta peau deviendra blanche, noire ou jaune ou tu pourras communiquer avec ta famille à des milliers de kilomètres", il ne l'aurait jamais cru.

Croire qu'Homo Sapiens est la finalité de l'évolution de l'humain est ignorant et prétentieux. L'Homme changera et sera, un jour, un **homme nouveau.**

La nature se chargera de son évolution physique. Mais c'est de lui-même qu'il changera son mental et son comportement. Doit-il évoluer dans ses attitudes ?

Si nous pensons qu'il est parfait, il n'a aucun effort à faire.
Si nous pensons qu'il est perfectible, il doit évoluer.

Et pourquoi ne pas commencer par nous-mêmes ?

L'homme nouveau pourrait s'appeler "Homo Néo", ou bien "nouveau chamane", personnage initié, proche de la nature, communiquant avec l'Esprit, soulageant les maux de sa communauté...
Je préfère lui donner le nom de *Sage*.

Je suis persuadé aujourd'hui que chacun d'entre nous peut, avec des efforts et une prise de connaissance, avancer dans la sagesse. C'est un des objectifs que propose ECOTHEA.

Si vous pensez rejoindre ECOTHEA et devenir un Sage, sachez que c'est une démarche sans engagement intellectuel et totalement gratuite. Vous pouvez, dans un premier temps, nous rencontrer afin de faire connaissance et participer à un ou plusieurs ateliers. Vous restez libres.

Vérifiez que votre profil est compatible avec celui des personnes que vous rencontrerez.

Profil du Sage

En accord total ou partiel avec les postulats d'ECOTHEA.

Il respecte la nature sous toutes ses formes.

Curieux de la vie et de la découverte d'autres champs de réflexion.

Il pratique ou s'initie à une activité artistique.

Désireux d'aborder de nouvelles connaissances.

Attentif aux autres par l'écoute, il s'applique à comprendre.

Déterminé, il combat ses tendances négatives.

Déterminé, il développe ses tendances positives.

Libre de ses choix, libre de ses pensées.

Respectueux de toutes les opinions politiques, religieuses ou sociales.

Pacifiste, il s'efforce de réduire les conflits.

Attentif au bien-être et au bonheur de l'autre.

Disposé au travail en groupe et au partage.

Altruiste, il s'efforce de soulager les douleurs.

Modeste, il ne prétend pas détenir la vérité et ne cherche pas à prouver qu'il a raison.

Il ne critique jamais une idée nouvelle.

L'apprenti - Sage

Le pré requis de cet apprentissage se trouve dans l'envie de donner un sens nouveau à sa vie, **sans rien abandonner** de ce qui fait aujourd'hui notre existence.
Passer à un niveau de conscience augmentée.

Cela implique du travail individuel, en groupe, sur des sujets aussi différents que :

Maîtrise de l'énergie en vue de soins
Psychologie relationnelle
Philosophie
Arts, Musique, Chant
Expression corporelle
Bio-Danse
Écriture
Méditation
Yoga
Sophrologie
Culture générale
Connaissance du corps humain
Phytothérapie
Écologie
Histoire
Économie
Recherche et expérimentations
Etc...

Exemples d'exercices individuels pour vivre ECOTHEA :

Le sourire

Le sourire est le plus beau cadeau à offrir à un inconnu. Il lui apporte du bonheur et l'incite à le partager avec d'autres. Le sourire engendre également un effet personnel. Il déclenche des endorphines et contribue à notre propre bonheur.

J'ai fait cet exercice pendant un an avant de devenir naturel et d'en ressentir tout le bien-être.
Naturellement, je ne souriais pas. Deux rides verticales entre mes sourcils - repérées sur des photos – trahissaient une préoccupation constante et ne donnaient pas de moi l'image de mon vrai caractère.

Sourire était pour moi une démarche forcée qui me fatiguait la mâchoire et me conduisait à bailler. J'ai persévéré en concentrant l'exercice sur les moments où je croisais du monde : balade en ville, magasins, salle de spectacle. Je me suis aperçu qu'il n'était pas nécessaire de montrer les dents. Le simple relèvement des commissures labiales entraîne le plissement des yeux et confère un beau sourire.

Dans les premiers temps, j'avais honte de me forcer. Je pensais que tout le monde s'apercevait de mes efforts. Mais il n'en était rien. Des amis me disaient "*Tu as l'air en pleine forme aujourd'hui*". Des inconnus souriaient à leur tour. Et plus mon sourire trouvait un écho et plus il devenait naturel.

Le plus difficile était quelquefois de sourire aux visages renfrognés. J'ai compris que ces personnes avaient peut être des soucis, de la fatigue, de la timidité, un mauvais caractère, pourquoi pas. Hé bien justement, ces personnes en ont plus besoin que les autres. Je m'en suis donc donné une mission philanthropique.

Depuis, je n'y pense plus quand je sors. Je suis simplement heureux d'être là où je suis et de croiser les autres. Si par malheur mon sourire retombe, je ressens comme une tristesse en moi et sans y réfléchir il revient.

Chaque sourire offert et chaque sourire reçu renforcent l'Énergie Bleue et se gravent dans le Code que je transmets.

Toute personne qui entre dans cette démarche, améliore son énergie vitale et contribue à la construction de sa sagesse.

La pensée bienveillante

J'entends souvent des gens proférer des critiques, des réflexions, des piques d'humour à l'encontre de leurs voisins ou de parfaits inconnus : *"Tu as vu comment elle se coiffe, celle-là – Celui-là porte une perruque – Elle s'habille comme une plouc – Quel connard, ce mec – Elle n'a pas inventé l'eau chaude – Ces gens-là parlent trop fort – J'ai horreur des mecs qui se teignent les cheveux – Encore un type en 4x4 – Elle porte trop de bijoux – C'est de la frime – Encore une réflexion de mec de droite/de gauche ….*

Ce ne sont pas des paroles adressées à l'autre, mais dites à voix basse en petit groupe, ou pensées.

Vous comprenez mon propos. Vous l'avez déjà entendu autour de vous. Pour ma part, j'y succombe encore malgré moi. Mais de moins en moins depuis que j'ai compris l'influence de ce type de pensées ou de paroles sur mon énergie vitale et sur ma capacité à faire le bien. Je fais attention. Je me décrasse des pensées délétères.

L'autre, que nous stigmatisons sans vraie méchanceté, est une personne comme nous, aussi sensible, aussi heureuse et malheureuse. Sans doute avec des qualités différentes.
En fait, nous ne visons pas la personne, mais sa différence.

Ce type de pensées peut provenir de plusieurs facteurs : la jalousie, le manque de confiance en soi, une admiration que l'on souhaite dissimuler, la volonté d'abaisser l'autre pour se sentir plus grand, la volonté de paraître intelligent par la critique ou la méchanceté primaire ou la peur d'être assimilé à la condition sociale de l'autre. Condition que nous jugeons inférieure à la nôtre.

À bientôt

ECOTHEA

contact@ecothea.org

Aucune adhésion, aucun frais
Que du partage !

"Le jour où la science commencera à étudier les phénomènes non physiques, elle fera plus de progrès en une décennie que dans tous les siècles précédents son existence."

Nikola Tesla (Scientifique connu pour ses multiples découvertes dans le domaine de l'électricité).

Sources d'information et d'inspiration

À l'aube des grandes civilisations (Éditions Sélection RD)
Atlas historique des religions (Karen Farrington)
Carnet de notes (Bernard Méha)
Chaman, médiateur entre les mondes (Gérard Beaudouin)
Cosmos (Série documentaire Netflix)
Cosmos (Michel Onfray)
Curieuses histoires de la pensée (JC Baudet)
Dictionnaire Larousse / Dis-moi où tu as mal... (Michel Odoul)
Discours de la méthode (Descartes)
Émission sur Arte (Corpus Christi)
Encyclopédia Universalis / Futura-sciences.com
Jésus en son temps (Ropps)
Jésus-Christ Mythe ou personnage historique (Michel Gozard)
La Bible   (Segond)
La Bible (Société Biblique de Genève)
La Bible de chez Alice/ Le corps quantique (Deepak Chopra)
La Caverne (Platon)/ La méditation de pleine conscience (Christophe André)
La philosophie (Christian Godin)
La République (Platon)
La vie des hommes de la préhistoire (B & G Delluc)
Le Banquet (Platon)
Légion VIII Augusta Association de loi 1901
Le Monde / Le corps quantique (Deeprack Chopra)
L'Empire romain et le Christianisme (Pigagnol)
L'énigme des manuscrits de la mer morte (Herschel Shanks)
Les Échos / L'humanité disparaitra (Yves Paccalet)
Les plus grands mythes de Platon David Simonetta
Les premières images chrétiennes (Frédérik Tristan)
L'hoponopono nouveau (Guy Trédaniel)
L'internaute
L'origine et l'évolution de la religion (Churchwald)
L'Univers exploré (JC Pecker)
Manuel d'histoire des religions (Chantepie de la Saussaye)
Méditations métaphysiques (Descartes)
Ozone.ch (Enrico Riboni) / peut-on prévoir l'avenir (Jacques Attali)
Petit traité de manipulation à l'usage des gens honnêtes (Joule & Bauvois)
Planetoscope.com / Politique du rebelle (Michel Onfray)
Religions du monde entier (Vladimir Grigorieff)
Sciences Magazine
statistiques développement durable.gouv.fr
Traité d'Athéologie (Michel Onfray)
Une belle histoire du temps (Stephen Hawking)
Water, le pouvoir secret de l'eau (Documentaire FR2)
Wikipedia.org

Échanges avec mes proches

Merci à Frédérique pour son aide